Quebra de script

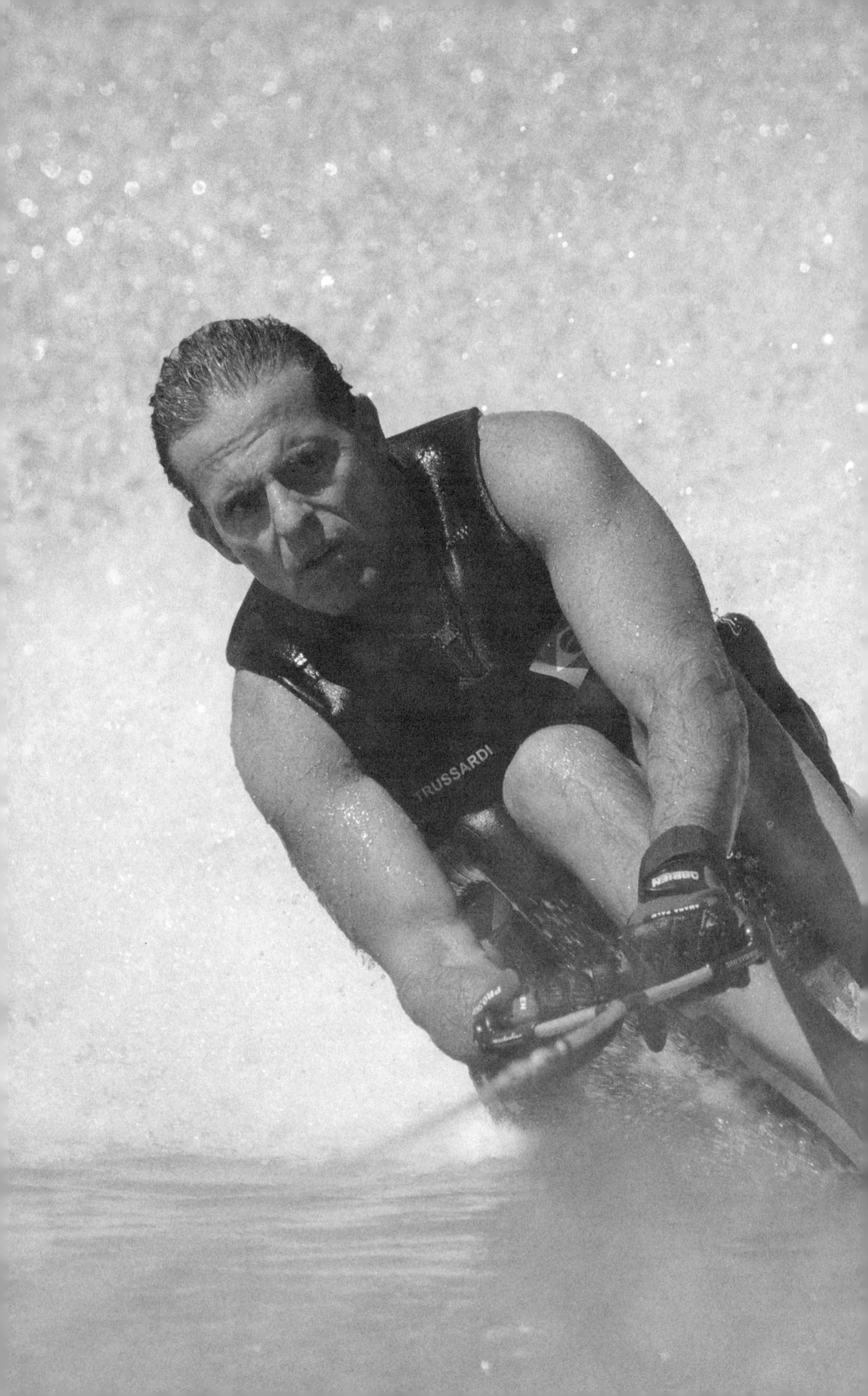
TRUSSARDI

THOMAZ MAGALHÃES

Quebra de script

UMA INCRÍVEL HISTÓRIA DE
REINVENÇÃO PESSOAL

1ª reimpressão

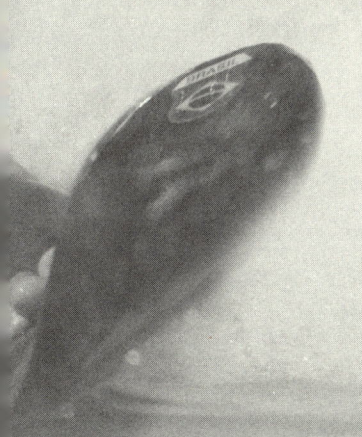

A
NEGÓCIOS

Copyright © 2009, Thomaz Magalhães

Capa
Raul Fernandes

Foto de capa
Acervo do autor

Projeto gráfico
Julio Moreira

Fotos do miolo
Ricardo Azoury (p. 2-3, p. 223)
Acervo do autor (p. 6)

Copidesque
Carla Mühlhaus

Revisão
Rebeca Bolite
Juliana Souza

Produção editorial
Maíra Alves

CIP-BRASIL. CATALOGAÇÃO-NA-FONTE
SINDICATO NACIONAL DOS EDITORES DE LIVROS, RJ

M169q

Magalhães, Thomaz, 1954-
    Quebra de script: uma incrível história de reinvenção pessoal / Thomaz Magalhães. – Rio de Janeiro: Agir, 2009.

    ISBN 978-85-220-1043-1

    1. Magalhães, Thomaz, 1954-. 2. Empresários – Brasil – Biografia. 3. Paraplégicos – Brasil – Biografia. 4. Testemunho (Cristianismo). 5. Motivação (Psicologia). I. Título.

09-4982.   CDD: 926.58
                                                       CDU: 929:658

Texto estabelecido segundo o Acordo Ortográfico da Língua Portuguesa de 1990, em vigor no Brasil desde 2009.

Todos os direitos reservados à
Agir Editora Ltda. – uma empresa Ediouro Publicações Ltda.
Rua Nova Jerusalém, 345 – CEP 21042-235 – Bonsucesso – Rio de Janeiro – RJ
Tel.: (21) 3882-8200 – Fax: (21) 3882-8212/8313
www.ediouro.com.br

À minha esposa Clara, ao meu filho Thomaz e à minha filha Chiara, verdadeiros amores da minha vida e a quem dedico minha vida com todo amor.

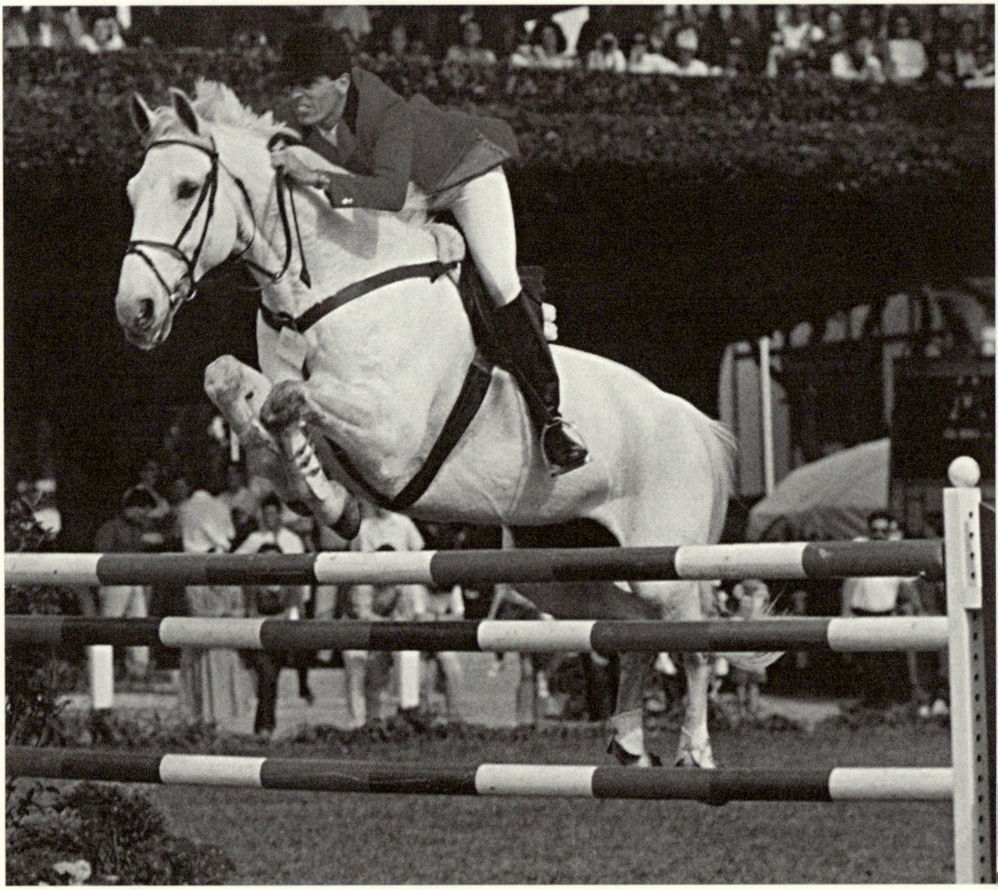

Sumário

- 9   Prólogo | A viagem ao fundo do poço
- 15   Capítulo 1 | O caminho de volta
- 33   Capítulo 2 | O poder da paciência
- 49   Capítulo 3 | A longa jornada
- 85   Capítulo 4 | Quebra de paradigma
- 99   Capítulo 5 | Um homem de palavra
- 125   Capítulo 6 | O desafio da reinvenção pessoal e profissional
- 137   Capítulo 7 | Mudança de hábitos
- 157   Capítulo 8 | A opção pelo lado espiritual dos negócios
- 179   Capítulo 9 | O esporte como prova de superação
- 215   Epílogo | Encontrando a verdadeira felicidade
- 221   Agradecimentos

PRÓLOGO

A VIAGEM AO FUNDO DO POÇO

QUANDO FIQUEI paralítico, passaram pela minha cabeça as seguintes questões: Deus existe? Se Ele existe e sempre quer o nosso bem, onde Ele estava quando minha irmã se atirou do oitavo andar na minha frente? E quando meu tio se matou com veneno de rato? E quando meu pai deu um tiro no próprio peito, me obrigando a antecipar minha entrada no mundo empresarial como sócio do Grupo Montreal Empreendimentos S.A.? E eu? Que mal fiz para ficar paralítico? De que adianta continuar vivo se nunca mais vou voltar a andar? Será que Deus existe mesmo? Existe porcaria nenhuma. Na minha vida só acontece tragédia. E tem mais: vou seguir a tradição familiar, me separando e me matando, porque para mim a vida acabou.

Além da revolta, da raiva e do desespero, contribuíam para o meu estado de espírito depressivo e suicida as dores lancinantes que me atormentavam desde o dia em que caí com meu cavalo durante um treino na pista de saltos da Sociedade Hípica Brasileira, no Rio de Janeiro. Para piorar, o cirurgião que me operou optou por abrir a lateral esquerda do meu tórax para ter melhor acesso à coluna. Com isso, a dor do pós-operatório criou um segundo problema: fiquei impossibilitado de fazer qualquer movimento de força com os braços, um dos pouquíssimos que a paraplegia não havia me tirado.

Não tenho dúvida de que a sensação de dor foi potencializada pelo meu desespero, mas foi a dor emocional de saber que nunca mais voltaria a andar, que tinha perdido a liberdade de ir e vir, bem como o controle de grande parte de meu corpo, que me levou a desistir de viver.

Não conseguia imaginar meus filhos e minha esposa Clara vivendo comigo daquele jeito. Thomaz Neto tinha 11 anos e Chiara, 9. Eu sabia a falta que um pai faz. Eu tinha 15 anos quando vivi isso, com a separação dos meus pais. Portanto, decidi cortar o mal pela raiz. Chamei Clara e comuniquei a minha decisão:

— Infelizmente, a tradição da minha família, de casa e separa, aconteceu. Não quero que você fique mais comigo. Nossos filhos são duas crianças maravilhosas, você é uma mulher maravilhosa, não vai faltar homem querendo ter você ao lado. O que é ótimo, porque nossos filhos precisam de um bom pai.

Estava convencido de que Clara iria se casar novamente e que o seu segundo marido seria o pai de que eles tanto precisavam. Queria ter certeza de que eles teriam a chance de começar uma nova vida para em seguida eu acabar com a minha.

Não queria que eles estivessem por perto nessa hora, então era melhor começar logo a afastá-los.

Como sou metódico e não gosto de errar, planejei a minha morte nos mínimos detalhes para estar certo de que não falharia. Porém esse pensamento não durou muito. O que me impediu de colocar em ação o meu plano foi perceber o sofrimento que eu estava causando à minha esposa e aos meus filhos. Sempre que iam me visitar na clínica de reabilitação e viam que eu estava chorando muito, eles começavam a chorar também e, para evitar que eu percebesse, saíam do quarto; somente Clara ficava comigo. E todas as noites, depois que nossos filhos voltavam para casa, ela ficava de mãos dadas comigo esperando que eu adormecesse, e só então tentava descansar um pouco numa poltrona que ficava ao lado da cama. Essa cena se repetia diariamente, como num filme. Clara entrava antes para verificar o meu estado emocional e decidia se Thomaz e Chiara entrariam no quarto ou não.

Mas choro de criança é puro e verdadeiro, e, por mais deprimido que eu estivesse, percebi que o responsável por todo o sofrimento deles era eu mesmo. Se realmente levasse adiante a ideia de me matar, estaria, na realidade, sendo muito egoísta e covarde. Eu imaginava que poderia resolver meu problema com o suicídio, por mais estúpido e incoerente que possa parecer. Mas isso não resolveria o problema da minha mulher e dos meus filhos. Ao contrário, minha morte provocaria uma dor ainda mais intensa. Imagina se, além de paralítico, o pai deles também fosse suicida.

Quando esses pensamentos passaram pela minha cabeça, percebi que não tinha o direito de me matar. Mas, se por um lado eu não podia me matar, por outro sabia que nunca mais voltaria a andar e realizar meus sonhos, portanto nunca mais seria feliz. O que fazer, então?

1
O CAMINHO DE VOLTA

EU TINHA 37 ANOS quando fiquei paralítico. Nessa época, minha vida girava em torno de paixões e vaidades. Eu era muito bem-sucedido empresarialmente e com excelente relacionamento político, tinha uma família maravilhosa e que esbanjava alegria. Na realidade, zelava muito pela minha aparência, andava sempre impecável e gostava principalmente de roupas, cavalos, carros e relógios. A queda me fez rever meus valores e reavaliar minha vida.

Sou carioca da Urca, mas saí do Rio com 1 ano de idade e morei até os 5 em Santos, litoral paulista, período em que meu pai participou da construção da Refinaria de Cubatão. Ainda aos 5, mudei para São Paulo, mas continuei passando as férias escolares na casa de meus avós maternos, na Urca, na casa da minha querida tia Gilda, irmã do meu pai; no verão ficava em Petrópolis, na casa de meus avós paternos.

Comecei a montar cavalos aos 9 anos de idade, no Clube Hípico de Santo Amaro, em São Paulo. Naquela época meu pai estava construindo uma fábrica de lubrificantes para motores de automóveis e foi convencido pelo presidente da fábrica de que minha irmã e eu precisávamos praticar esse esporte. Seu principal argumento era o fato de que ele tinha três filhos e todos montavam desde pequenos, principalmente porque tinha percebido que o contato direto com os cavalos exercia uma influência muito forte na educação deles. Meu pai, convencido pelo argumento e pela vontade de querer sempre agradar o cliente, nos inscreveu na escolinha de hipismo do clube. Minha irmã desistiu logo que levou o primeiro tombo e quebrou o pé, mas eu, que sempre fui apaixonado por animais, nunca mais larguei o esporte e posteriormente comecei a participar de provas de salto.

Quando me mudei para o Rio de Janeiro, em julho de 1980, para trabalhar na sede do Grupo Montreal, resolvi realizar o velho sonho de competir nos concursos de salto mais importantes do país, aproveitando a oportunidade para morar próximo à Sociedade Hípica Brasileira, na Lagoa.

Para poder estar à altura de competições desse nível era necessário manter uma rotina de exercícios e treinos digna de um atleta profissional: fazia dieta e malhava pesado para me manter leve (eu tinha 1,80 metro e pesava 70 quilos: era um fiapo) e trabalhava os cavalos diariamente. O adestrador tinha que ser somente eu. Meus cavalos precisavam se acostumar com meu comando, meu peso, minha pressão de perna. Não dava simplesmente para delegar essa responsabilidade.

Para conseguir chegar ao trabalho às 10 horas da manhã, eu acordava por volta das 5 horas. Era o tempo exato de correr na Lagoa e fazer ginástica antes de ir para a Hípica.

Como sempre exigi muito de mim mesmo, me dedicava ao esporte como se fosse um profissional em condições de competir nos torneios mais importantes do calendário da CBH, a Confederação Brasileira de Hipismo.

Foi com essa determinação, e treinando com meu cavalo Lorenzo — um tordilho da raça alemã Holsteiner, até então o melhor cavalo que tive —, que decidi fazer um treino forçado naquele fatídico domingo, 25 de agosto de 1991. Estava tão motivado para conseguir uma classificação no Grande Prêmio de Teresópolis, um dos mais importantes concursos de salto a cavalo daquele ano, que desconsiderei o fato de Lorenzo nunca ter tido um bom rendimento no Rio de Janeiro.

Comprado por meu amigo João Aragão, Lorenzo teve uma aclimatação problemática no Brasil. Quando passava uma temporada em Itaipava, perto de Petrópolis, ele ficava ótimo, mas bastava descer a serra para seu rendimento cair.

Como eu estava acostumado a fazer apenas o que queria (e na hora que queria), achei que se incrementássemos os treinos ele melhoraria. Devo ter acreditado no ditado que diz "No hipismo, você é o cavalo". Segundo esse raciocínio, se eu queria e podia me esforçar um pouco mais, Lorenzo também podia. Só esqueci de um pequeno detalhe: no hipismo, quem faz a força é o cavalo; ele é o verdadeiro atleta do conjunto. O cavaleiro funciona mais como piloto, limitando-se a usar a técnica para obter o resultado.

Por todas essas razões, eu devia ter tido bom-senso e seguido os conselhos de minha treinadora Lúcia Faria Alegria

Simões — "Deixa o Lorenzo descansar. Durante a semana a gente dá mais uma aprontada nele" — e da Clara, que falou: "Vamos para casa, não seja tão exigente com você."

Nada disso. Estava decidido a repetir o salto triplo, armado perto da cerca em frente à sede social da Hípica, porque na primeira passada não tinha tido o rendimento que eu esperava. Precisava aproveitar cada momento livre para treinar e assim aumentar minhas chances de conquistar uma classificação naquele Grande Prêmio, marcado para o fim de semana seguinte. A prova teria uma novidade excitante: uma pista idêntica à de Hamburgo, na Alemanha. Imperdível.

Havia ainda outra razão para que eu não forçasse a barra. Meu amigo Jorge Carneiro e eu só tivemos autorização para começar a treinar depois das 11 da manhã, no auge do calor, por causa de uma prova realizada horas antes. Lorenzo até fechou bem a primeira pista, mas achei que dava para melhorar. A ansiedade não me deixou perceber que o baixo rendimento do cavalo era fruto do cansaço provocado pelo calor. Para ser franco, eu só pensava no resultado. O perfeccionismo neste caso me cegou.

"Aqui começa a sua missão"

Quando Lorenzo perdeu o equilíbrio, deu uma pedalada no ar e caiu junto comigo, a princípio não parecia nada demais. Ao contrário, era um tombo bastante comum na prática do esporte, a não ser por um pequeno detalhe: eu não consegui levantar, apenas mexer com a cabeça e os braços. No hipismo, quando alguém cai do cavalo, a regra é levantar o mais rápido possível para mostrar a todos que está tudo bem. Como continuei deitado, as pessoas correram para saber o que havia acontecido.

Em meio ao susto e à perplexidade, ouvi nitidamente uma voz que falava dentro de mim: "Meu filho, aqui começa a sua missão." Por alguma razão misteriosa, aquela voz sobrenatural que anunciava o início da "minha missão", sem que eu soubesse do que se tratava, me acalmou. Ao mesmo tempo, reavivou minhas lembranças sobre um rápido encontro que tive um ano antes com o padre canadense Emiliano Tardif, um dos líderes do movimento da Renovação Carismática no mundo e famoso por seus dons de cura, de conhecimento e de discernimento.

Padre Emiliano Tardif, sem me conhecer, olhou para mim e disse, num espanhol firme: *"Hijo, usted tendrá una gran misión."* Na época, não dei bola. Achei que ele havia se enganado. Afinal, quem nitidamente tinha uma missão na vida era Clara, catequista e católica fervorosa desde criança. Na verdade, cheguei a brincar com a premonição. Missão? Que missão?

A enigmática frase do padre sensitivo, porém, já não parecia tão engraçada quando me vi estirado, sem poder me mexer, na areia da pista de saltos da Hípica. Ao contrário, ela parecia carregar todo o peso do mundo. Afinal, eu estava paralítico!

Sabem o que isso significa? Morte em vida. O fundo do poço. O inferno. Enfim, os cenários mais negros que eu jamais sonhara viver. Será que minha missão era ficar paralítico? Qual seria de fato a minha missão? O que significava, afinal, ter uma missão?

As especulações eram muitas, mas elas teriam que esperar. A mera constatação de não poder me mexer já era o suficiente naquele momento. Meu cérebro parecia entorpecido, com uma dificuldade enorme de processar tantas novas e assustadoras informações. No entanto, era preciso retomar o controle da situação antes que alguém tentasse me levantar de qualquer maneira, piorando ainda mais a minha lesão. À Clara, avisei baixinho:

— Estou paralítico.

Sempre positiva, ela me mandou parar de falar besteira.

— Que nada, você vai ficar bom — retrucou.

Do peitoral para baixo, nada...

Uma amiga médica se aproximou e perguntou por que eu achava que havia ficado paralítico. Expliquei que não conseguia mexer nada do meu corpo além da cabeça e dos braços. Ela sugeriu que eu fechasse os olhos e avisasse se sentia os beliscões que iria me dar, partindo do peitoral e indo até a cintura.

— Sim, estou sentindo, sim... Não, não sinto mais nada.

Um silêncio perturbador confirmou minha sensação. Então era verdade.

Para piorar, a ambulância da Hípica estava na oficina. Não havia sequer uma maca para me transportar, muito menos pessoal especializado para assumir o comando de uma situação tão delicada. Como sabia que o meu médico particular estava viajando, liguei para um amigo ortopedista, dr. Sérgio Rudge. Mais uma vez tive que responder por que achava que tinha ficado paralítico.

— Não mexo mais nada, Sérgio. O cavalo caiu comigo e não consigo mais me levantar!

Ele pediu que eu fosse para o hospital onde sempre atendia seus pacientes, no Rio Comprido.

Como chegar lá? O nervosismo generalizado era tal que ninguém cogitou chamar uma ambulância. Resolvi usar os recursos disponíveis. Pedi que retirassem um dos suportes de obstáculos da pista para usar como maca e que pegassem uma almofada da espreguiçadeira da piscina para que o meu corpo não ficasse em contato direto com a madeira. Um amigo ofereceu o seu carro, uma perua Chevrolet Caravan, para me levar ao hospital. Com o banco traseiro rebaixado, o espaço era suficiente para a maca improvisada. Jorge Carneiro, que estava treinando comigo, sentou-se ao meu lado para impedir que o meu corpo deslizasse ou se mexesse muito durante o trajeto, já que não havia como fechar a porta traseira do carro. Clara foi de joelhos virada para trás no banco dianteiro, segurando os ombros dele para poder dar mais apoio. A Kiki, esposa do Jorge, pegou nossos dois filhos, que estavam muito assustados, e levou-os para a casa dela.

Até então, tudo bem. A brutal descarga de adrenalina que corria em minhas veias deve ter mantido a dor longe, mas bastou o carro passar pela primeira lombada, ainda dentro do terreno da Hípica, para que ela desse o ar de sua graça. Naquele momento eu ainda não sabia, mas as dores lancinantes e a pressão que quase me impedia de respirar eram consequências das fraturas das vértebras T3 e T4.

Pedi que meu amigo dirigisse o mais devagar possível, mas os buracos, calombos e remendos típicos das ruas cariocas aumentavam conforme o carro se arrastava. Desisti.

— Vai do jeito que puder, eu quero é chegar — implorei, trincando os dentes.

A última etapa do calvário foi a chegada ao hospital, localizado no alto de uma pequena elevação — com paralelepípedos na subida. Quando chegamos à emergência, o Sérgio já estava me aguardando, e a primeira coisa que pedi foi algum tipo de analgésico, porque estava sufocado de tanta dor. Depois de passar pelo exame de raios X, e já meio grogue por causa da medicação, ouvi meu amigo confirmar o diagnóstico.

— Você está paralítico mesmo, e isso sai da minha área, mas vou montar uma equipe para atender você — avisou.

Mais tarde, uma ambulância me transferiu para o Hospital Samaritano, em Botafogo, e fui operado naquele mesmo dia, à noite. A cirurgia durou quase dez horas.

A fase da negação

Disseram que fiquei duas semanas no hospital. Como minha cirurgia exigiu muita manipulação, a equipe médica me manteve sedado a maior parte do tempo. Daí a sensação de filme fora de foco. Não tenho recordações do quarto do hospital nem da maioria das pessoas que me visitou. Lembro-me apenas que os poucos momentos de lucidez eram preenchidos pelo desespero. Cada segundo que eu passava acordado concretizava o que eu mais temia. Eu só pensava que não queria passar por aquilo na vida.

As dores eram tão intensas que eu tentava ao máximo não mexer nem a cabeça. Qualquer movimento, por menor que fosse, significava uma pontada extra. Hoje vejo que a dor que eu sentia era potencializada por meu estado psicológico, um misto de depressão, medo, revolta e desespero. Era como se eu descarregasse na dor todo aquele momento terrível. A sensação era a de ter uma espada cravada no peito, além de um peso fazendo pressão para baixo exatamente no ponto em que a espada me cortava. Essa imagem é clinicamente explicável, pois deixa claro a partir de que ponto eu ainda tinha sensibilidade, mas saber disso não me ajudaria em nada. Para completar, eu não conseguia dormir. Meus olhos pareciam duas bolas de sangue de tão vermelhos.

— Pelo amor de Deus, tira isso de mim. Tira isso de mim — eu pedia, desesperado.

A morfina causou em mim efeitos colaterais bem diferentes daqueles que a maioria das pessoas costuma ter. Em vez de ficar sedado, eu tinha alucinações. O teto do quarto era cheio de monstros e de seres transfigurados. Ou parecia uma tela tridimensional cheia de imagens grotescas de gente com um braço pendurado pelo nariz, misturas de homens com animais e outras cenas de filme de terror.

Apesar de saber que eram apenas efeito dos remédios, as alucinações pareciam muito reais. Se eu soubesse desenhar, poderia encher um caderno com as figuras que desfilavam na minha frente. Não adiantava fechar os olhos: as imagens continuavam aparecendo diante do meu cérebro alerta.

Não tinha um minuto de paz. Sentia-me sufocar. Implorava para que me dessem algum remédio que pusesse fim àquelas visões infernais, mas os médicos insistiam que a sedação estava correta e no limite, que se me dessem mais eu correria risco de overdose. Portanto, se eu passava as noites em claro vendo aquelas figuras, o problema devia ser emocional.

A realidade é que o somatório da dor física com a emocional criou uma dor, digamos assim, invencível, pois nada conseguia abrandá-la. Um dia, achei que tinha atingido o meu limite. A dor era tão insuportável que resolvi rezar e pedir para Deus me levar embora. Tinha certeza de que me atenderia. Afinal, Ele não era um Ser misericordioso? Decidi rezar o terço para reforçar o pedido, apesar de nunca tê-lo feito antes. Achei que Ele levaria isso em consideração.

Uma visão celestial

Como o movimento de visitas no hospital era intenso, tive o cuidado de pedir que Clara ficasse fora do quarto e não deixasse ninguém entrar:

— Quando eu achar que já descansei, te chamo — avisei.

Aleguei que, se ficasse sozinho, conseguiria dormir. Mentira. Não queria que ela me visse morrer. Tratei de rezar com fé, pedindo que Ele acabasse com o meu sofrimento. Mesmo de olhos fechados, o cenário era o mesmo: a dor constante, a sensação da espada atravessando o meu peito e aquelas alucinações horrorosas... Às vezes, as criaturas deformadas pareciam circular em cima de mim, como se quisessem me pegar.

Perdi a noção do tempo depois de alguns padre-nossos e ave-marias. Não sei dizer quanto tempo levou para que a sensação da espada começasse a diminuir. À medida que isso acontecia, o sono ia tomando conta de mim e as figuras bizarras começavam a desaparecer. Num determinado momento, a dor cedeu por completo e as criaturas sumiram. Comecei então a sentir, no lugar da espada me cortando, um braço e uma das mãos de alguém deslizando pelas minhas costas, como se fosse para me carregar no colo, enquanto a outra mão segurava a minha mão direita, na qual estava um terço. Não me lembro como, quando ou quem o havia colocado em minhas mãos, afinal nunca carregava terço algum comigo. Pelo visto, uma nova alucinação tinha surgido. Ao menos era uma alucinação boa.

Fiquei em dúvida se devia apertar a mão que segurava a minha, afinal eu sabia que era uma alucinação... Tinha medo de estragar aquele precioso momento de descanso. Mas a sensação era tão real que não resisti. Queria ter certeza se era uma pessoa de verdade ou apenas um novo tipo de delírio. E, ao apertar, de fato senti a mão segurando a minha. Naquele mesmo instante aconteceu uma mudança total de cenário. Não estava mais deitado na cama. Senti-me flutuando, com uma brisa suave e refrescante soprando em meu rosto. Isso aumentou a vontade de abrir os olhos para ver o que estava acontecendo. Será que Clara estava segurando a minha mão? Será que ela me tirou da cama? Como podia estar flutuando? As perguntas não paravam de surgir, mas o medo de ver novamente aquele teto horroroso me paralisou.

Quando finalmente abri os olhos, percebi duas coisas: o teto branco do quarto fora substituído por um céu de estrelas, e, ao meu lado, dava para ver o perfil de uma mulher com um véu cobrindo parte do rosto; ela que de fato havia me tirado da cama e me carregava no colo. Não sei dizer quanto tempo durou essa cena porque meus olhos começaram a pesar. Lutei para não dormir, afinal aquilo tudo era maravilhoso — pela primeira vez depois do acidente estava me sentindo em paz e sem dor alguma —, mas não consegui resistir. Devo ter, enfim, relaxado.

Quando acordei, não sentia mais a presença daquela mulher me carregando no colo, e sim da cama. A diferença é que se tratava de uma cama gostosa, macia e confortável, e a dor tinha ido embora. Então, me veio à cabeça: "Será que Nossa Senhora tinha aparecido para mim?"

O poder da oração

Por via das dúvidas, chamei Clara:
— Não falei para você não entrar no quarto?
Ela negou que tivesse feito isso.
Insisti:
— Você entrou, sim, e ficou segurando a minha mão.
Clara garantiu que havia ficado no corredor, rezando por mim com as irmãs, e lembrou que na visita do padre Motinha, alguns dias antes, ele tinha pedido para que todas rezassem para que Nossa Senhora me carregasse no colo.
— Se você não entrou, vou te contar o que aconteceu — eu disse.
Quando acabei o meu relato, Clara teve um acesso de choro:
— Padre Motinha fez uma oração para que Nossa Senhora carregasse você no colo.
Ao perceber o que tinha acontecido, pedi que Clara chamasse dom Cipriano, um frei beneditino com quem eu tinha grande afinidade e que nos havia apresentado ao padre Emiliano Tardif. Ele foi ao hospital e eu contei tudo o que senti.
— Padre, o que aconteceu comigo?
Ele respondeu:
— Preciso mesmo dizer?

Acima de tudo, eu queria saber se devia contar às pessoas o que havia acontecido.

— Por que Nossa Senhora apareceu para mim, o avesso de uma pessoa digna de receber tal visita? Por que eu?

Segundo dom Cipriano, o Espírito Santo iria me dizer o que fazer com aquilo.

— Como assim? — estranhei.

Ele explicou:

— Não se preocupe, você vai sentir quando chegar o momento e para quem deve contar. As coisas acontecerão naturalmente.

Evidentemente, essa visão não foi a minha redenção. Nos dois meses seguintes, as coisas pioraram — e muito. Ninguém aceita que está paralítico de um dia para o outro. Fui me conformando com a nova realidade aos poucos. Os dias iam passando, e eu percebia que as tarefas rotineiras, como tomar banho, me arrumar etc., estavam fora do meu alcance. Foi um processo longo, doloroso e de total falta de esperança.

Mas foi, ao mesmo tempo, um processo de aprendizado. Em todos os sentidos. Enquanto evoluía pessoalmente, também repensava as minhas escolhas profissionais.

Aos poucos consegui ver com mais clareza coisas geralmente deixadas na gaveta, como autoestima, motivação, superação. E percebi o que não deveria ser uma mera coincidência: todos os grandes empresários que se fizeram sozinhos têm alguma familiaridade com os temas acima. Também não conheço um que tenha feito sucesso sem mergulhar a fundo numa ideia, conhecendo todos os processos necessários para a realização do seu projeto.

Fato é que, ao ficar paralítico, adotei métodos que não só me ajudaram a lidar com as dificuldades do dia a dia como também alavancaram novos negócios e oportunidades. À medida que uma dificuldade aparecia, eu me empenhava em descobrir a melhor maneira de superá-la.

Aos poucos percebi que, ao fugir do script da minha vida mais previsível, ganhei vários outros papéis e construí outros personagens. Todos eles mais ricos do que os anteriores e, principalmente, capazes de contribuir com os seus aprendizados.

Quando eu me perguntava "Por que eu, meu Deus?", no fundo eu sabia a resposta.

QUEBRA DE SCRIPT

- Aprender a respeitar o limite do outro é o primeiro passo para ser bem-sucedido em qualquer empreitada.

- Invista no autodesenvolvimento, bem como nas aplicações práticas e na experimentação.

- Confie no seu instinto e experimente. Se der certo, você deu um grande passo; se não funcionar, você teve um grande aprendizado.

- Evite o perfeccionismo exagerado. Ele pode ser contraproducente.

- É fundamental ter bom-senso e discernimento na hora de avaliar todas as variáveis de uma situação.

- Na vida há duas certezas: todos nós morreremos um dia e o sofrimento estará presente ao longo de todo esse tempo. Mas podemos ser pessoas felizes ou infelizes. Tudo depende da forma como encaramos os acontecimentos de cada dia.

2

O PODER DA PACIÊNCIA

FICAR PARALÍTICO é bem complicado. Além do trauma emocional, existe o trauma físico. E o desgaste do processo de superação dessas duas etapas exige força de vontade, disciplina e determinação quase sobre-humanas. Para quem, como eu, habitualmente dava ordens, fazia tudo sozinho e tinha a vida sob controle, foi muito difícil, de repente, me ver incapacitado de fazer 90% das coisas a que estava acostumado e aceitar que, dali em diante, eu seria um "dependente"; a vida me conduziria, e não o contrário.

A conquista da independência física foi o primeiro e o mais importante de todos os passos que dei em meu processo de recuperação. Meu objetivo primordial era não depender de nada nem de ninguém. Mas, como já disse, a ficha cai de forma lenta e dolorosa. O processo de perda passa obrigatoriamente por várias etapas: a revolta, a agressividade, a depressão profunda, a negação e, finalmente, a recuperação. Custei muito a ultrapassar essas etapas e entrar na reta final, que envolve a disposição e o desejo de retomar o máximo de autonomia.

Quando cheguei ao Shepherd Center, um dos melhores centros de reabilitação para pacientes com traumas na coluna em Atlanta, Estados Unidos, para onde fui assim que saí do Hospital Samaritano, tinha grandes expectativas de voltar a andar. A indicação foi feita pelo dr. Roberto Bibas, que conhecia a clínica e era meu vizinho de prédio, na Lagoa, mas quem me acompanhou e providenciou tudo foi o meu amigo-irmão Jorge Carneiro e sua esposa Kiki. Eles passaram uns dez dias conosco, ajudando Clara a alugar um apart-hotel e a se instalar. Só voltaram ao Brasil quando sentiram que ela estava segura em sua nova rotina.

Nunca vou esquecer esse gesto de carinho, muito menos das palavras de Jorge quando se despediu de mim no hospital. A gente se abraçou e chorou durante muito tempo.

— Por que você largou a sua família e a sua vida para me acompanhar esse tempo todo? — perguntei.

— Porque você teria feito a mesma coisa por mim.

Era verdade. O maior patrimônio que se pode ter na vida são os amigos.

Hospital com jeito de resort

O Shepherd Center parece mais um resort esportivo do que um hospital. Se não fosse pelo crachá de identificação e pelo estetoscópio pendurado no pescoço, não daria para distinguir o corpo médico dos visitantes. Se a ideia era criar um ambiente descontraído e voltado para o lazer e os esportes, eles conseguiram.

Fui para os Estados Unidos por acreditar que a minha adaptação seria muito mais rápida lá. Naquela época, a Rede Sarah de Hospitais de Reabilitação, no Brasil, não tinha a infraestrutura oferecida pela Shepherd, uma clínica particular sem fins lucrativos, construída com o esforço de toda a comunidade de Atlanta. Essa clínica possuía instalações esportivas completas, com quadras, piscina, academia e técnicos à disposição, além de todo tipo de laboratórios que simulam a vida cotidiana — inclusive uma pista com automóveis adaptados para que a pessoa reaprenda a dirigir.

Os únicos laboratórios que não ficam dentro de suas instalações são a estação de metrô e o aeroporto. Mesmo assim, a clínica tem um acordo com a Delta Airlines que disponibiliza, para o nosso treinamento, guichê e avião no aeroporto Hartsfield-Jackson. Como as grandes cidades de todo o mundo possuem estações de metrô, a clínica aproveita para usar esse meio de transporte no caminho até o aeroporto e, ao mesmo tempo, ensinar como se virar em uma estação, em um vagão e nos terminais de embarque e desembarque.

No aeroporto, um guichê especial simula o check-in e o despacho de bagagem. Depois vem a imigração e, já no avião, aprende-se a passar da cadeira de rodas para a poltrona, entre outras manobras necessárias durante um voo. Costumo dizer que uma coisa é aprender inglês tendo aulas num centro de línguas, outra coisa é ir morar e trabalhar num país de língua inglesa. Esse é o diferencial da clínica Shepherd. É claro que eu poderia adquirir condições de retomar a vida em outro lugar, mas nunca na mesma velocidade.

Bibas conheceu os fundadores da clínica quando atendeu James Shepherd, de 22 anos, em 1973, no Rio de Janeiro. Ele estava de férias surfando em Copacabana e ficou tetraplégico ao bater com a cabeça no fundo do mar. Bibas fez a traqueostomia de emergência e acompanhou o caso até que o paciente pudesse ser removido para os Estados Unidos.

Por sorte, a lesão cervical de James foi incompleta, e ele voltou a andar com a ajuda de uma bengala. Como em Atlanta não havia nenhuma clínica especializada, seus pais decidiram abrir uma, não só para poder continuar o seu tratamento, mas também para ajudar aqueles que estivessem passando por situações parecidas. Por ter atendido James no Brasil, dr. Bibas manteve contato e, sempre que viajava para algum congresso nos Estados Unidos, passava por lá. Quando soube o que havia acontecido comigo, explicou que se eu ficasse no Brasil a recuperação seria muito precária e que, provavelmente, eu me tornaria uma pessoa muito dependente. Aceitar sua sugestão fez toda a diferença.

A primeira consulta

Minha cabeça girava de tanta ansiedade na minha primeira consulta com um especialista. Perguntas se atropelavam na minha boca embora eu não tivesse coragem de colocá-las pra fora. Queria saber se era verdade que algumas pessoas voltavam a andar, se isso dependia de força de vontade etc.

Usando uma réplica da coluna vertebral, que ficava ao lado de sua mesa, o dr. Apple mostrou o local e explicou o tipo de lesão que eu havia sofrido nas vértebras T3 e T4. A medula fora totalmente seccionada e as duas vértebras despedaçadas a ponto de precisarem ser substituídas por um enxerto de osso tirado do meu quadril. Os grampos colocados no local do enxerto eram definitivos mas, se surgisse algum tipo de desconforto, seria possível retirá-los depois de um ano.

Sobre a cirurgia, ele disse que tinha sido muito benfeita, mas que só não entendia aquele corte lateral. Os médicos brasileiros disseram que o corte tinha sido necessário, pois minhas vértebras estavam muito despedaçadas, e eles precisaram ter acesso à sua volta para retirar todos os fragmentos ósseos. Mas dr. Apple chegou a me mostrar fotografias de cirurgias feitas lá, de casos parecidos com o meu, em que o procedimento tinha se resumido a apenas um corte nas costas, ao longo da coluna.

Então chegou a hora de fazer a pergunta que mais importava. Apesar de todas as evidências, meu inconsciente insistia em manter aberta a possibilidade de recuperação de algum movimento. Para que eu não desanimasse, a minha mente criava hipóteses e me dizia ainda ser possível existir alguma luz no fim do túnel.

Não havia. O médico foi franco: a chance de voltar a andar simplesmente não existia.

— É como se a sua medula tivesse sido cortada com uma tesoura de certo ponto para baixo — explicou, didaticamente.

— Quer dizer que não vou recuperar movimento nenhum? — ainda arrisquei, já meio murcho.

— Não.

Esse é o perfil dos médicos americanos. Com eles, não tem meias palavras. Eles dizem logo a verdade e seguem em frente. Foi duro, mas ao mesmo tempo foi bom. Eu precisava mesmo acabar com as falsas expectativas, ainda que remotas, de que algo de bom poderia acontecer. Ouvir a verdade sem rodeios era a única forma de me convencer de que estava paralítico para sempre e, assim, a única saída era reaprender a viver da melhor maneira possível.

A pergunta que passei a fazer então foi: como é a vida depois disso?

Terapias sociais e físicas

Como seu objetivo é reintegrar a pessoa na vida familiar e profissional, e até no esporte, o dia a dia na clínica Shepherd era dividido entre terapias sociais e físicas. Na parte da manhã eu treinava atividades do cotidiano, como me vestir, tomar banho, passar da cadeira para o sofá ou para o banco do carro, e, na parte da tarde, fazia exercícios de fortalecimento muscular, de modo a me tornar o mais independente possível.

A clínica tinha uma cozinha montada e um escritório, além de outros laboratórios para que todos aprendessem a se virar em qualquer situação. Paralelamente, era feito um treinamento psicológico para que soubéssemos como enfrentar os comentários inconvenientes, as perguntas indiscretas e os olhares piedosos.

Nessa época eu era pura revolta. Não conseguia fazer nada sozinho, nem mesmo me levantar da cama. Com músculos, tendões e ligamentos da lateral do tórax cortados e costurados por dentro, a sensibilidade no local era extrema, e os braços não tinham força para nada. Era preciso que me tirassem da cama e me sentassem na cadeira de rodas, que ainda por cima tinha um cinturão na altura do peito para me dar estabilidade. Como minha lesão é alta, fiquei totalmente sem equilíbrio.

Em resumo, tudo o que eu tentava fazer e não conseguia era um outro "não", mais uma porta que se fechava. Sair na rua, abrir a porta, entrar em um restaurante, entrar no carro, toda e qualquer tarefa representava um problema a ser superado. Lembro-me do dia em que fui com Clara e as crianças a um shopping de Atlanta, para espairecer. Entrei na loja Ralph Lauren, uma das grifes que mais amava, e acabei deprimido num canto. Além de não conseguir experimentar nada, a loja era cheia de degraus, e as araras de roupas no meio do caminho dificultavam a passagem da cadeira de rodas. Eu dependia dos outros para tudo e isso não me dava prazer nenhum.

Certo dia a clínica me autorizou a passar uma noite no apartamento que Clara havia alugado para ela e as crianças.

Para eles, foi a maior emoção (as crianças espalharam bilhetinhos de "Welcome Dad" pela casa), mas para mim não passava de um grande transtorno. No hospital eu estava acostumado com as dificuldades, e aquele apartamento era um lugar novo, portanto eu estava inseguro. Acabei passando a noite inteira em claro, tenso e sem conseguir nem falar direito com as crianças. Só pensava em ir embora e voltar para o hospital.

Quando ficava muito deprimido e sem querer fazer nada na clínica, eles me botavam no andar reservado aos tetraplégicos para que eu valorizasse a minha situação. No Shepherd Center era assim: quando alguém da ala dos paralíticos se revoltava, eles levavam para o ginásio dos tetraplégicos e deixavam lá até que a pessoa se acalmasse. Pura terapia de choque, mas funcionava.

A verdade é que o emocional podia até ser tratado, mas o físico não tinha jeito. Os músculos estavam rasgados e costurados, e só o tempo diminuiria as dores. Por causa delas, meu aproveitamento não foi dos melhores. Eu diria que meu rendimento na prática foi de 30% e na teoria, de 70%.

Coincidência ou providência divina?

Um dia, minha sogra Maricy foi nos ajudar e me fazer companhia no hospital em Atlanta, para que Clara pudesse dar um pouco de atenção aos nossos filhos. Ela estava lendo a

Bíblia, e eu na agonia de sempre, os olhos inchados de tanto chorar. De repente, ela me passou o livro e pediu que eu o abrisse aleatoriamente.

Achei estranho, mas não tive forças para discutir. Simplesmente abri e lhe devolvi a Bíblia. Ela começou a chorar. Pedi desculpas meio sem jeito, não sabia o que fazer.

— Olha onde você abriu, meu filho! — ela disse.

Quando bati o olho, vi em negrito a palavra *paciência*. Era o título do capítulo 2 do livro do Eclesiástico:

Meu filho, se entrares para o serviço de Deus, permanece firme na justiça e no temor e prepara a tua alma para a provação; humilha teu coração, espera com paciência, dá ouvido e acolhe as palavras da sabedoria; não te perturbes no tempo da infelicidade, sofre as demoras de Deus; dedica-te a Deus, espera com paciência, a fim de que no derradeiro momento tua vida se enriqueça. Aceita tudo o que acontecer. Na dor, permanece firme; na humilhação, tem paciência. Pois é pelo fogo que se experimentam o ouro e a prata, e os homens agradáveis a Deus, pelo caminho da humilhação. Põe tua confiança em Deus e ele te salvará, orienta bem o teu caminho e espera nele. Conserva o temor a ele até a velhice. (Eclesiástico 2,1-6)

Ao terminar de ler o versículo, senti como se o cenário negro que eu criara em minha cabeça tivesse se dissipado. Em seu lugar, surgiu uma força interna que eu desconhecia. Decidi transformar a minha revolta em algo útil, lutar com ela a meu favor, e não contra mim. Comecei a tentar fazer tudo sozinho. Eu seria o mais independente possível.

Na hora de decidir qual cadeira de rodas comprar, por exemplo, não segui a recomendação do médico, que era optar pelo modelo de costas altas e com cinturão no peito. Apesar de a minha lesão ser alta e isso tirar o meu equilíbrio, botei na cabeça que ia aprender a me apoiar com os braços de modo a poder usar a cadeira de rodas comum.

A primeira vitória

A primeira vitória foi aprender a calçar as meias. Pode parecer banal, mas o simples movimento de descer o corpo para pegar a perna e colocá-la dobrada em cima da outra exigia de mim um esforço físico hercúleo. Os músculos, nervos e tendões do peitoral e do braço esquerdo ainda estavam em plena convalescença.

Para se ter uma noção de como a missão era difícil, basta lembrar que ficar sentado na cadeira de rodas já era um desafio, pois precisava usar os braços de apoio para não cair para os lados. Imaginem então abaixar o corpo e puxar a perna até o colo e, além disso tudo, ainda manter o equilíbrio. Era pior do que tentar subir uma parede inclinada, sem corda e carregando um peso enorme nas costas. É claro que nas primeiras tentativas eu caía assim que começava a inclinar o corpo em direção ao pé. Minha *personal coach*, Ruth, evitava que eu me machucasse e sempre me incentivava a tentar mais uma vez. Mesmo quando eu dizia que era impossível. Demorei algumas semanas para conseguir me inclinar a ponto de tocar os meus pés. No dia em que segurei pela primeira vez o calcanhar, gritei de alegria.

— Agora me ajuda a levantar o pé até aqui em cima — pedi.

— Não, Thomaz, é você quem vai fazer isso — respondeu Ruth, durona.

A distância entre o joelho e o pé parecia de uns dois mil metros. Se eu levei uma eternidade para conseguir descer o corpo sem cair, imaginem quanto tempo precisei para conseguir fazer isso e depois subir carregando a outra perna. Mas Ruth não se abalava com as minhas reclamações.

— Você vai conseguir, Thomaz, você vai conseguir! — ela dizia.

E não é que depois de muito tentar finalmente peguei o jeito de trazer a perna até o colo? Foi o primeiro momento de felicidade que tive depois da queda. Eu berrava de alegria, pedindo que chamassem Clara e meus filhos. Queria compartilhar a minha alegria com eles. Queria que eles vissem. Consegui levantar a perna!

Percebi pela primeira vez como dinheiro e poder são insignificantes na nossa vida. Aquele momento valia mais que qualquer fortuna do mundo porque era impossível comprá-lo. Só havia um meio de tê-lo: conquistando-o com paciência e perseverança.

Até Ruth chorou. No fundo, ela também achava que aquela era uma missão quase impossível.

— Não te falei? Sabe quanto tempo você levou para levantar a perna? Só 45 minutos! — disse, entusiasmada.

Quando ela falou isso, fiz logo uma estimativa: se as meias vão exigir 90 minutos, a cueca deve demorar mais uma hora e meia, e a calça, então, algumas horas. Quando eu terminar de me vestir já vai estar na hora de tirar a roupa para dormir.

Aí me veio à cabeça aquela palavrinha mágica: paciência. Precisava ter paciência e continuar tentando.

QUEBRA DE SCRIPT

- Cultivar a disciplina, a força de vontade e a determinação ajuda a superar os obstáculos.

- Encontrar motivação mesmo nas situações mais adversas facilita o processo de superação.

- Usar a revolta como instrumento de transformação é uma estratégia inteligente.

- Valorize as pequenas vitórias; elas são uma poderosa alavanca emocional.

- Não se deixe levar pelos aparentes fracassos. Na verdade, é com a ajuda deles que muitas vezes realizamos grandes conquistas.

3

A LONGA JORNADA

JÁ FAZ 18 ANOS que caí com o meu cavalo. Mesmo assim, me lembro vividamente de tudo o que aconteceu naquele fatídico domingo de sol na Hípica. Lembro-me principalmente de estar fazendo o que mais gostava, que era montar, e do jeito que eu mais gostava de fazer as coisas: obstinadamente e sem limites. Mas a vida decidiu me dar uma lição.

Para as pessoas que me conhecem, a queda do cavalo, a paralisia e até o meu planejado suicídio parecem fazer parte de uma longa sucessão de tragédias familiares e pessoais. Vejamos: aos 12 anos eu quase tive de amputar a perna esquerda em consequência de uma fratura grave; aos 15 enfrentei a separação de meus pais; aos 16 presenciei a morte de meu cavalo Cayuse, com o qual comecei a participar das provas de salto; já adulto, assisti à minha irmã Maria do Carmo se atirar pela janela do oitavo andar de seu apartamento e, dois anos depois, tive de lidar com os suicídios de meu tio Elyeser e de meu pai.

Para todos os efeitos, portanto, eu era o próximo da lista. De fato, quase entrei para as estatísticas. Um médico me explicou que 80% das pessoas que pensam no suicídio como uma alternativa têm outros casos de suicídio na família. O sofrimento e a revolta por ficar paralítico realmente me levaram a desejar pôr fim à minha vida, mas, toda vez que essa ideia passava pela minha cabeça, eu via a imagem de Nossa Senhora me carregando no colo e dizendo:

— Meu filho, você vai fazer isso mesmo? Por que será então que fui visitá-lo? Não se esqueça de sua esposa e seus filhos.

O primeiro trauma

Verão de 1967. Eu estava passando as férias com meu pai, minha mãe, minha irmã e um amigo em Cabo Frio, naquela época uma aldeia de chão de terra.

Havia me acostumado a mergulhar no costão do Pão de Açúcar, pois eu ficava na casa de meus avós maternos, na Urca, sempre que tinha uma folga do colégio em São Paulo. Saía por volta das 5 horas da manhã, junto com Ricardo, meu amigo de férias cariocas, para ir à Praia Vermelha nadar e explorar as pequenas grutas e pedras submersas dos costões que ladeiam a praia em direção ao mar aberto. Às vezes, pegávamos um bote e íamos remando com os outros meninos do bairro até a ilha de Cotunduba, na saída da baía de Guanabara, bem em frente à Praia Vermelha. O que significava atravessar todo o canal por onde passam os navios. Quando os remos não davam conta da correnteza, um de nós ficava no barco e os outros caíam na água e batiam perna, com auxílio de pés de pato, para ajudar a empurrar.

Cabo Frio era a Meca para quem gostava de mergulhar. Eu gostava principalmente das praias do Peró e das Conchas, por causa das reentrâncias nos costões e da alta visibilidade da água. Mesmo com cerca de nove metros de profundidade, o fundo parecia estar sempre pertinho da superfície. Às vezes ficava boiando, curtindo o balanço do mar, ou sentava em alguma pedra para observar os peixes. O visual era incrível.

Certo dia, o mar estava de ressaca, batendo muito, o que tira a transparência da água. Decidimos então explorar o costão da praia das Conchas por terra. Subimos o morro e fomos andando até a ponta. Na minha imaginação, aquela devia ser a visão do paraíso. Ficamos um tempo curtindo a vista e, sei lá por que, coisa de moleque, decidimos descer pelas pedras até a beira do mar. A descida foi relativamente fácil, mas a subida foi bem puxada. Cogitamos até pular na água e nadar até a praia, mas, como o mar estava muito agitado e batendo forte contra as pedras, correríamos o risco de nos machucar. O único jeito mesmo era subir por onde tínhamos descido. Ao chegar ao topo, talvez por cansaço, pisei numa pedra solta e caí de uma altura de cerca de oito metros.

Quando tentei me levantar, só vi os pedaços de osso da minha perna. O pé estava pendurado atrás. Minha primeira reação foi gritar "Meu Deus, dê-me força!". Eu tinha a espiritualidade de uma criança que só fez primeira comunhão, mas a exclamação saiu de maneira espontânea. Fato é que aquele grito me ajudou a ficar calmo e, curiosamente, não senti dor alguma.

Ricardo desceu atrás de mim. Quando viu a minha perna fraturada, com os ossos aparecendo, entrou em desespero e começou a gritar. Tive que dar uma sacudida nele para que me ouvisse.

— Meu pai está na praia. Vai lá e avisa que eu quebrei a perna. Quanto mais rápido você for, melhor para mim — pedi.

Como a pedra onde eu havia caído não tinha nenhuma proteção e o sol estava começando a me incomodar, me arrastei bem para trás, onde tinha uma pequena sombra formada pela posição do sol em relação à pedra. Depois, rasguei um pedaço da bermuda jeans que estava usando e fiz um torniquete na perna. Não me perguntem como. Não tenho a menor noção de onde aprendera a fazer aquilo.

Devo ter esperado por socorro durante pelo menos uma hora.

O resgate

Muito tempo depois, meu pai me contou a cena (que deve até ter sido cômica) de meu amigo chegando à praia. Meu pai fazia ioga na areia e estava naquela posição de inversão, que lembra uma bananeira, de cabeça para baixo e apoiado só nos antebraços, quando meu amigo chegou correndo.

— Doutor Thomaz, o seu filho quebrou a perna — ele gritava sem parar. Além de cansado, Ricardo estava pálido de tão assustado.

Meu pai quis saber por que ele achava que eu tinha quebrado a perna.

— Porque os ossos estão para fora!

Ao ouvir isso, ele deu uma cambalhota e ficou de pé. Quando soube onde eu estava, percebeu que chegar lá era complicado. Nesse momento, ele teve bom-senso e cautela. Foi até os quatro surfistas que estavam pegando onda na praia quase deserta e pediu ajuda. Precisava de uma prancha emprestada e da ajuda dos quatro, pois o local era de difícil acesso. Quando ele enfim alcançou a pedra onde eu tinha caído, minha primeira pergunta foi se ele achava que eu ficaria bom a tempo de voltar às aulas. Eu estava no auge do meu basquete e fora convocado para a seleção do colégio.

— Filho, agora vamos cuidar de outra coisa — ele respondeu.

Meu resgate foi dramático. Tiveram de me amarrar em cima da prancha e me içar. Ainda bem que eram quatro surfistas e meu pai. Um içamento naquelas condições, de uma altura de cerca de oito metros, não era das tarefas mais fáceis. Tenho poucas lembranças disso tudo porque estava praticamente em estado de choque. Só lembro que me segurava na prancha porque tinha a sensação de estar caindo.

Quando eles conseguiram chegar à praia comigo amarrado à prancha, os surfistas se ofereceram para me levar até o hospital em Cabo Frio na picape deles. Imediatamente, meu pai subiu na caçamba e ficou segurando meu pé, que estava pendurado, para que ele não caísse, pois o que o mantinha junto à perna era um pequeno pedaço da carne. De tanto sacolejar, bater e raspar na caçamba da picape, ele feriu os dois cotovelos e nem percebeu. Minha mãe foi atrás, dirigindo o nosso fusca branco. Até hoje fico imaginando o nervosismo dela, vendo o meu sangue jorrando pela estrada.

No hospital, lembro que a enfermeira me deu uma injeção e lavou a minha perna enquanto avisava que o único médico estava em casa com diarreia.

Já era noite quando o médico apareceu para fazer a cirurgia. O hospital não tinha muitos recursos, e meu pai pediu então ajuda ao tio Juracy Magalhães, irmão do meu avô paterno, que era ministro das Relações Exteriores. Como existe uma base militar em São Pedro d'Aldeia, ele perguntou se era possível arranjar um helicóptero para me trazer para o Rio. Dois dias depois lá fomos nós, num aparelho enorme, próprio para carregar tropas. Vibrei quando soube que ia andar de helicóptero. Para minha alegria, colocaram a maca no centro e a porta foi aberta.

Na chegada, no aeroporto Santos Dumont, tinha tanta gente da família à minha espera que me senti o próprio herói de guerra ferido voltando para casa. Do aeroporto fui levado diretamente para o Hospital Central dos Acidentados, cujo diretor era muito amigo do meu avô materno, Álvaro Pires, que também era médico. A primeira providência que tomaram foi radiografar a minha perna. Disseram que tive sorte de ter caído em pé e com um pé meio torto, porque assim a perna não quebrou em vários pedaços.

Mas em pouco tempo comecei a sentir uma dor insuportável na parte de trás da perna, já engessada. Meu pai dizia que o gesso devia ter machucado a pele quando secou. Eu perguntava por que então não trocavam o gesso. Invariavelmente ele respondia que ainda não podiam mexer, até que um dia meu pai avisou que o trocariam. Eram tantos amigos e parentes entrando e saindo do quarto que fiquei intrigado:

— Por que veio tanta gente hoje? — perguntei desconfiado.
— Nada demais, vieram te visitar — ele respondeu.

Entrei na sala de cirurgia e não me lembro de mais nada. Meu pai explicou que eles iam me anestesiar porque eu poderia sentir dores, mas a verdade é que minha perna estava gangrenando. Não é difícil imaginar a razão. Entre a queda e o hospital se passaram mais de três horas. Não deve ter sido pouco o que entrou de areia, poeira e sujeira no machucado.

A cura pela hipnose

Uma parte da perna já estava bastante necrosada. Segundo o médico, o cheiro e a cor dela não estavam nada bons. De qualquer maneira, meu pai pediu que o médico interrompesse a cirurgia e fosse falar com ele caso achasse que havia alguma esperança. O médico atendeu ao pedido. Saiu da sala de cirurgia e disse-lhe que tinha feito tudo o que podia e que a recuperação dependia da reação do organismo. Mas acrescentou que, se não amputasse o pé naquele momento e o processo de gangrena não revertesse, eu correria o risco de perder a perna inteira.

— O que o senhor quer que eu faça? — perguntou o médico.

Meu pai decidiu arriscar. Na realidade, apostou em suas habilidades de hipnotizador. Como tudo dependia da capacidade de regeneração do meu organismo, ele resolveu dar uma mão à natureza e estimular o poder de cura do meu subconsciente. Como resultado, já acordei da anestesia sem dor. Meu pai havia começado a usar a hipnose para me sedar. Ele dizia que assim o meu metabolismo melhoraria e, consequentemente, a minha saúde. Eu acreditei porque já o tinha visto em ação e sabia que aquilo funcionava de verdade.

Minha tia, por exemplo, sofrera um AVC (acidente vascular cerebral) e estava com um lado do corpo totalmente paralisado, mas movimentou o braço incapaz através da hipnose. Outro caso bem-sucedido foi com uma amiga egípcia de minha mãe. Ela pediu que meu pai a hipnotizasse para ver se ela se lembrava do número do telefone de uma amiga de infância no Cairo. Papai a colocou em sono hipnótico:

— Você tinha uma amiga quando era criança, no Cairo. Será que se lembra do telefone dela? — ele perguntou.

A resposta veio em seguida, só que em egípcio.

— Ah, que bom, isso mesmo, mas faz o seguinte: para a gente não esquecer, vou te dar um papel e uma caneta para você escrevê-lo, o.k.? — retrucou meu pai.

Ela prontamente anotou um número no papel. Em seguida, ele a acordou para mostrar o papel com o telefone anotado. Se era aquele o número? Era.

Apesar de todos esses exemplos, às vezes eu tinha dúvidas. Eu perguntava como eu podia estar hipnotizado se escutava tudo o que ele falava. Para me provar a influência hipnótica, ele me colocou sentado num local tranquilo e começou a falar daquele jeito compassado.

— Abra o olho e pegue este alfinete na minha mão. Está sentindo ele na sua mão? Se você quiser, enfie esse alfinete na sua perna. Pode ficar tranquilo porque você não vai sentir dor, mas se quiser enfiá-lo na perna para ter certeza de que está hipnotizado, então faça — ele disse.

Não é que eu peguei o alfinete e o enfiei na perna? Lembro-me de tudo o que ele falou e, de fato, não senti nada.

Era assim que ele fazia quando alguém duvidava do poder da hipnose. É claro que existem pessoas não hipnotizáveis, mas a maioria tem facilidade para entrar no sono hipnótico. Para provar isso aos mais céticos, ele colocava a pessoa em uma posição confortável e começava a falar de forma cadenciada. Depois de um tempo ele pedia que a pessoa segurasse uma linha com uma aliança amarrada na extremidade e, sem mexer a mão, só com a força do pensamento, fizesse a aliança girar. A velocidade do giro indicava o nível de sensibilidade da pessoa.

Em outro teste, a pessoa ficava de pé, com os braços ao longo do corpo:

— Imagine que você está em uma lancha em alto-mar, que a brisa é agradável e que a lancha está passando por lugares bonitos. Agora imagine que a lancha está começando a acelerar e o mar, a ficar bravio. De repente, a lancha começa a pular e você perde o equilíbrio.

Muita gente chegava a cair no chão.

A hipnose era uma entre as muitas habilidades de meu pai, um homem de grande cultura, capaz de raciocinar milhões de coisas ao mesmo tempo. Como era muito curioso, sempre que algo o interessava ele ia fundo e estudava o assunto. O que chamou sua atenção para a hipnose foi o mito de que a pessoa hipnotizada faz qualquer coisa que o hipnotizador mande. Segundo meu pai, só fazemos o que nosso subconsciente considera aceitável.

Apesar de dominar a técnica, meu pai não gostava de mostrar suas habilidades. Ao contrário, era bastante discreto. Mas, sempre que era solicitado, atendia e quase sempre conseguia mudar para melhor quadros muito sérios, como foi o caso do filho de um grande amigo dele, que sofrera um acidente quando estava indo esquiar no Clube de Campo São Paulo, em Interlagos.

Ele estava sentado no banco do carona virado para trás, conversando com os amigos, quando o carro derrapou e bateu num muro. O rapaz entrou em coma e, ao acordar, estava sem memória, entre outras sequelas. Papai fez várias sessões, e o acidentado teve uma boa recuperação da memória e da fala.

A hipnose também me ajudou a ter um grande progresso, mas não me poupou de seis meses de cama hospitalar na casa de meu avô, na Urca. Meu pai combinou com um colega da minha classe no colégio Santa Cruz, em São Paulo, de pegar as lições toda semana, então eu consegui minimamente me manter em dia com as matérias. Mas nada disso me abalava. A única coisa que de fato me preocupava era não saber se eu ainda teria a minha vaga no time de basquete da escola. E também estava ansioso por reencontrar padre Cláudio e contar que a primeira coisa que tinha falado na hora em que vi minha perna quebrada foi "Meu Deus, dê-me força!".

O colégio Santa Cruz é de uma ordem de padres canadenses da Congregação de Santa Cruz, e padre Cláudio era meu professor de religião. Ele costumava passar um desenho animado de um indiozinho que só fazia coisas boas. Eu me sentia muito à vontade em sua presença e adorava conversar com ele. Meu passatempo na hora do recreio era receber a comunhão e trocar ideias com ele sobre religião. No dia que voltei às aulas, seis meses depois do acidente, fui procurá-lo para comungar. Nosso encontro foi tão emocionante que lágrimas escorreram dos seus olhos.

Padre Cláudio talvez tenha sido o grande líder espiritual da minha infância, quem despertou em mim os primeiros sinais de espiritualidade. Pena que a separação de meus pais tenha interrompido até meu hábito de ir à missa aos domingos, antes do tradicional almoço na churrascaria Augustus. Como padre Cláudio voltou para o Canadá exatamente nessa época, só pensei em religião de novo quando conheci Clara.

A morte de Cayuse

A saída do meu pai de casa quando eu tinha 15 anos causou um certo caos emocional, é claro, mas toquei a minha vida. Estudava de manhã, e na parte da tarde fazia esportes e montava a cavalo, que era a minha grande paixão.

Nessa época, Santo Amaro ainda tinha muita rua de terra, então a gente saía do clube a cavalo e ficava passeando. Uma pessoa me viu e perguntou por que eu não participava de uma prova. Participei e gostei, mas meu cavalo, um pangaré, não tinha recursos. Chamava-se Sossego, de tão manso, e era o único cavalo que tinha bigodes como se fosse um homem. Comecei a saltar com cavalos emprestados, e alguns proprietários queriam que eu treinasse e competisse com os seus. Passei então a competir com o cavalo dos outros e volta e meia conseguia um bom resultado. Mas logo os amigos de meu pai o convenceram a comprar um cavalo de salto para mim.

Após muita insistência, ele acabou comprando o Cayuse, que na linguagem indígena significa "cavalo selvagem". Foi quando a paixão ficou mais séria. Chegava a matar aula para ir montar. Estava tão em forma que participei da prova do grupo Pão de Açúcar, primeira etapa da temporada nacional.

Correu tudo bem na prova, mas no dia seguinte ligaram da hípica dizendo que meu cavalo estava com cólicas.

Um cavalo com cólicas é um problema muito grave. Ele não vomita, e há o risco de o intestino se romper. Além disso, quando o cavalo sente dor, ele se debate descontroladamente. Para evitar que se machucasse, passei o dia puxando Cayuse para lá e para cá, na esperança de que ele expelisse gases e melhorasse. Ficar parado era a pior opção, pois poderia aumentar a fermentação do alimento que estava causando as cólicas. Quando anoiteceu, eu estava com Roberto Kalil, que me acompanhava desde que comecei a competir. Ele era um excelente cavaleiro e já havia conquistado um campeonato brasileiro, além de ser como um pai para mim. Roberto me levou para casa porque não adiantava ficar lá; era melhor deixar o Cayuse dormir no picadeiro coberto, para que ele tivesse espaço para andar. Concordei.

Eu tratava Cayuse como se ele fosse um cão de estimação. Montava e depois passava horas brincando com ele. Portanto, quando me ligaram de madrugada dizendo que ele estava muito mal, voltei para a Hípica correndo. Ao me aproximar do picadeiro, vi que ele estava de pé, no fundo, com a cabeça caída. Assim que me ouviu, ele se aproximou. Ele costumava me dar uma empurrada com a cabeça, como quem diz "Cadê minha cenoura?", mas dessa vez não deu tempo. Quando eu ia pegar a cenoura, ele se jogou no chão e se matou, batendo com a cabeça de um lado para o outro de tanta dor que sentia. Eu tinha 15 anos. Não preciso dizer que repeti o ano e jurei que nunca mais ia montar na vida.

Passados uns dois meses, Roberto foi à minha casa e me obrigou a ir para o clube montar com ele. Se eu realmente gostava de cavalo, tinha que aprender a conviver com situações como essa. Tempos depois, meu pai me deu outro cavalo. Não era um grande animal, mas consegui alguns bons resultados com ele.

Uma pontada no coração

A separação de meus pais causou um impacto mais forte em minha irmã do que em mim. Maria do Carmo tinha 16 anos, um ano a mais do que eu, e ficou péssima com o rompimento. Talvez como reação ao fato, logo começou a namorar um rapaz e resolveu se casar. Cheguei a pedir que meu pai falasse com ela, porque eu achava que aquilo era uma fuga da realidade. Mas ele alegou que não tinha como interferir, que devia respeitar a decisão dela. Não deu outra. Ela casou, teve um filho, meu sobrinho Jacques, e logo se separou. Depois partiu para um segundo casamento, teve minha sobrinha Fernanda e, passado um tempo, voltou a falar em separação.

Como a Fernanda nasceu prematura e com um problema nas pernas, minha irmã começou a se culpar, talvez influenciada pelo que havia acontecido com o casamento de nossos pais. Sentia-se responsável pelo sofrimento que estava causando aos filhos. A depressão foi se aprofundando, e meu pai estava cogitando interná-la quando me ligou, no dia 26 de dezembro de

1981, pedindo que eu fosse correndo para a casa dela. Por sorte eu estava em São Paulo, na casa dos meus sogros, para o Natal.

Nem sei quantos sinais de trânsito avancei para chegar ao prédio em que ela morava. Só sei que, quando cheguei lá, encontrei meu pai no sofá e ela completamente desfigurada, caída em seu colo. A cena me deu uma pontada no coração. Conversamos e combinamos de interná-la, até porque o médico que vinha acompanhando o caso já havia feito essa recomendação. Ela levantou-se para ir ao quarto pegar as coisas, e percebi que andava com dificuldade. Quando entrou e fechou a porta, meu pai gritou:

— Meu filho, neste quarto tem janela!

Tentei arrombar a porta, mas não consegui. Então, corri para a janela do cômodo adjacente, já pensando em passar pelo lado de fora para o quarto dela. Mas, assim que cheguei à janela, ela olhou para mim e se atirou. Vi minha irmã caindo do oitavo andar e se despedaçando lá embaixo.

Minha primeira reação foi descer correndo para tentar ver se conseguia salvá-la, mas eu sabia que não tinha mais nada a fazer. Ao ver o desespero de meu pai, querendo também descer para ver se podia fazer alguma coisa, consegui me recompor a tempo de segurá-lo pelos ombros.

— Pai, ela se atirou e está morta. Vamos fazer o seguinte: eu tenho que descer para ver a situação, mas você promete que vai ficar sentado nessa poltrona — eu disse.

Ele estava em estado de choque, pois ouviu o barulho do corpo dela ao chegar ao chão. Apesar de me sentir meio alucinado e sem saber direito o que fazer, tive sangue-frio para dizer a ele que se sentasse e contasse 15 minutos no relógio antes de levantar e descer.

— Vou deixar as janelas fechadas, e você vai me prometer que não se levantará para olhar. Ela está morta. Não tem nada que você possa fazer. Acabou. Mas eu quero descer primeiro, o.k.? Depois você desce. Você me promete isso? — falei para um pai catatônico.

Eu queria arrumar o corpo dela para que meu pai a visse o menos desfigurada possível. Eu vi e foi péssimo. Para ele, ia ser um desastre.

A semente da fé

Depois dessa tragédia, entrei em uma fase de profunda tristeza. Mas de tanto ouvir histórias sobre a importância da fé e o sentido da vida, começou a despertar dentro de mim o que chamo de semente da fé. O convívio com a família de Clara, que é profundamente religiosa, me ajudava a ir em frente. Eu seguia os princípios e os sacramentos católicos, frequentava a missa e percebia naquilo uma verdade. Mas entre ver a verdade e senti-la existe uma diferença enorme.

Quando, dois anos depois, meu tio Elyeser, irmão do meu pai, se matou com veneno de rato, e um mês depois o meu próprio pai se suicidou com um tiro no peito, nem preciso dizer que a minha espiritualidade diminuiu na mesma proporção que a minha revolta cresceu. Eu ainda acreditava em Deus, mas era Ele lá em cima e eu aqui na terra.

Costumo dizer que quem plantou a semente da fé no meu coração foi minha sogra e quem fez a árvore da fé crescer foi Clara, que a regava todo dia. Sua preocupação com o meu estado de espírito era tão grande que ela vivia querendo me aproximar da igreja. Mas eu sempre dava um jeito de escapar. Um dia, no entanto, conheci dom Cipriano e senti algo diferente nele. Ele foi o primeiro padre com quem me confessei, pois me sentia bem ao seu lado. Tão bem que no dia seguinte, quando montei, meu cavalo parecia estar mais leve, saltava como se fosse um pássaro voando, parecia ter perdido uns 60 quilos. Lembro de ter pensado que eu devia estar meio "carregado".

Foram os cuidados de Clara para comigo ("O Thomaz teve tantos traumas e já sofreu tanto que estou preocupada com a cura da alma dele", ela dizia aos amigos) que a fizeram pedir à sua amiga Yolanda Marinho para que tentasse marcar um encontro com o padre Emiliano Tardif, numa de suas vindas ao Brasil. Um dos religiosos mais requisitados da Renovação Carismática no mundo, Tardif era muito assediado. Yolanda conseguiu me incluir na última noite dele no Brasil.

Seria um encontro reservado. Padre Emiliano Tardif receberia apenas uma menina prestes a fazer uma cirurgia séria no coração, um garotinho com leucemia e eu. Era mais ou menos como conseguir marcar um encontro cara a cara com uma pessoa muito importante, uma verdadeira celebridade, mas eu descartei assim que soube o dia e a hora. Tinha uma competição em Juiz de Fora que eu não podia perder.

Clara entrou em desespero: "Thomaz, eu consegui que ele nos receba. Você tem que ir." Permaneci irredutível; o que o cara poderia fazer por mim? Nada. Eu estava ótimo. Clara insistiu, disse que Deus tinha me escolhido. Cedi, mas com algumas condições: se o campeonato acabasse cedo, se tudo corresse bem para mim e se não tivesse muito trânsito na viagem de volta. Como o Grande Prêmio geralmente terminava ao fim do dia, não havia a menor chance. Mas não é que o campeonato começou mais cedo, eu fiquei entre os primeiros colocados e não pegamos trânsito nenhum?

Quando estávamos perto do Rio, Clara começou:

— Para a missa eu sei que não vai dar tempo, mas de repente para o jantar vai.

Pedi que ela ligasse para ver se ainda tinha alguém. A empregada disse que eles ainda estavam na missa. Fiz uma última tentativa: disse que só iria se pudesse ir direto, do jeito que estava, de culotes, sujo de cavalo, suado e fedorento. Ela topou.

Quando chegamos, a missa e o jantar já tinham terminado havia muito tempo. Não sei por que a empregada falou aquilo. Só estavam na mesa conversando o padre Emiliano Tardif, dom Cipriano e os donos da casa. Dom Cipriano nos apresentou ao padre Emiliano Tardif. Ele olhou para mim, apontou o dedo e falou:

— *Usted tendrá una gran misión.*

Eu respondi:

— Olha, é um prazer muito grande, mas não tenho missão nenhuma. Quem tem é a Clara! A Clara é que é catequista, que tem fé.

Ele disse:

— *No me interrompas. Usted tendrá una gran misión.*

Nesse momento, dom Cipriano apertou meu braço e falou:

— Thomaz, fica quieto porque você está recebendo uma palavra de sabedoria.

A primeira coisa que pensei foi: "Vão fazer uma missa grande para mim. Será que eu vou morrer?"

Deus existe?

Exatamente quando minha espiritualidade estava começando a criar raízes, fiquei paralítico. Depois de tudo o que eu tinha passado, lá estava eu novamente questionando a existência de Deus. Afinal, era difícil acreditar que a "minha missão" tivesse algo de divino.

Durante muito tempo, a dor e o sofrimento minaram minha força física e emocional. Passei por várias fases, inclusive o apogeu do materialismo. No meio do caminho, foram trevas. A descoberta espiritual foi uma conquista da perseverança e da paciência, lições que aprendi com a minha sogra Maricy e que me tornaram uma pessoa melhor em todos os sentidos. Finalmente, entendi que a realidade nem sempre é do jeito que a gente gostaria e que todo problema pode ser superado.

Com as experiências religiosas que tive na hora em que caí do cavalo (o aviso de que a minha missão tinha começado), logo depois de ser operado (a visão de Nossa Senhora me carregando no colo) e também quando, no hospital, atendendo um pedido da minha sogra, abri a Bíblia a esmo e bati os olhos justamente no trecho do livro do Eclesiástico sobre a paciência, minha verdadeira espiritualidade começou a se consolidar.

Na verdade, o início foi bastante difícil e instável, muitas vezes chegava a perder completamente as esperanças e achava que minha vida não tinha mais solução. Chegava a questionar a existência de Deus, mas o exercício da paciência fazia com que as coisas se acalmassem na minha cabeça.

O que me ajudou muito nessa fase de encontros e desencontros com Deus foi ter me dado conta do sofrimento que estava causando à Clara e aos meus filhos. No dia que percebi isso, imediatamente pedi a Clara para chamá-los de volta e que todos viessem para bem perto de mim, na cama:

— Papai está muito mal, com uma doença séria que não sei ainda quanto tempo vai durar e nem mesmo como vou ficar depois, mas prometo a vocês que um dia voltaremos a ser felizes. Não sei dizer quando ou como, mas prometo que isso acontecerá. Sei que vocês estão sofrendo e chorando muito por causa do meu sofrimento; todas as vezes que vocês se sentirem assim, quero que venham ao meu lado para chorar comigo. O sofrimento de vocês é que me dará forças para superar o meu, portanto vamos sofrer e chorar juntos porque será assim também que, juntos, um dia voltaremos a ser felizes.

Aos poucos fui percebendo que era possível vencer se tivesse perseverança e determinação para enfrentar o problema, bem como a convicção de que aquilo ia passar.

Custou, mas aprendi que mesmo nas horas difíceis não se pode descartar a presença de Deus. Não é fácil. Quando acontecem coisas ruins, a primeira reação é querer chutar o pau da barraca. Mas todo mundo precisa conviver diariamente com a certeza da morte e com o sofrimento. E, apesar do inevitável sofrimento, a sensação de felicidade pode ser preservada se você não se entregar. Sem esperança a vida perde o valor.

A pessoa verdadeiramente feliz é paciente porque sabe que, por pior que seja o momento pelo qual está passando, algo vai tapar aquele buraco negro, e ela vai conseguir ser feliz novamente. O meu buraco negro começou a se fechar quando percebi que nos momentos em que as coisas pareciam não ter solução, de repente sentia uma força interior que me levava a encontrar de novo a paz. Assim, aos poucos, fui superando as minhas limitações.

Como a minha história de vida tem um final feliz, acabei usando-a como exemplo de esperança e fonte de estímulo para outras pessoas. Comecei a dar palestras sobre a minha experiência. Eu fiquei paralítico, mas estou feliz da vida, não estou? Quem sabe a minha experiência não ajuda alguém? Tenho esperança de que, ao mostrar que basta ter determinação e disciplina, além de disposição para olhar as coisas de uma maneira diferente, as pessoas consigam escolher outros caminhos que não o suicídio ou a separação, por exemplo.

Minha experiência mostra que quando a gente não entende por que determinada situação acontece, a melhor saída é continuar tentando. A gente sofre, chora, se desespera, mas, se persistir e não se deixar paralisar pelos acontecimentos, um dia vai surgir algo novo e mudar tudo. Não digo que isso vá apagar a cicatriz, mas garanto que ajudará a superar o problema e ir em frente.

Campeonato de infelicidade

Uma coisa que sempre me chamou a atenção é a mania que as pessoas têm de fazer comparações entre as situações que estão vivendo: "Ah, o que eu passei é muito pior", "Puxa, estou até me sentindo mal com o que você está contando, porque o seu caso é muito mais sério e muito mais grave que o meu!", e por aí vai. Isso é perda de tempo. Não dá para comparar níveis de problemas e de sofrimento. Se existisse uma maneira de fazer isso, as farmácias venderiam não só termômetros, mas também "problemômetros" e "sofrimentômetros". Na verdade, as coisas não funcionam assim.

O maior problema é sempre aquele pelo qual você está passando no momento. Se estiver com vontade de ir ao banheiro e por alguma razão não puder, isso é um problema — e dos sérios. Da mesma forma, não é possível comparar sofrimentos.

A maneira como cada um enfrenta os problemas e sofrimentos é única. Por isso é preciso tomar cuidado para não confundir alegria com felicidade, nem tristeza com infelicidade.

A alegria e a tristeza são estados emocionais, portanto são temporais. Por exemplo: se você fica sabendo que um amigo morreu, certamente ficará triste. Por outro lado, se você é promovido no seu trabalho, ficará alegre. São coisas que acontecem ao longo do dia e que afetam o seu estado emocional. Já a felicidade e a infelicidade são estados de espírito, independem das coisas materiais que acontecem com a gente. Você pode ser uma pessoa feliz que está passando por um momento triste. Quando alguém se diz infeliz é porque perdeu a esperança na própria vida. Não se pode deixar abater interiormente por coisas alheias à nossa vontade. Sempre encontraremos uma forma de vencer ou, quando isso não for possível, certamente haverá uma forma de superar.

Existem poucas certezas na vida, e a convivência com o sofrimento é uma delas. É importante encarar o sofrimento e os problemas como grandes oportunidades para tornar a vida melhor. Quando falo das mortes da minha irmã, do meu tio e do meu pai, vejo que as pessoas começam a ficar compadecidas, então aviso logo: "Gente, tem final feliz!" A ideia é que elas percebam que se eu consegui superar tamanho sofrimento qualquer pessoa também pode.

Passei a ser convidado para fazer palestras. Dava meu testemunho em muitos lugares no Brasil e no exterior. A primeira vez que falei especificamente sobre superação no esporte e através dele foi a pedido do meu amigo Paulo Salles, que havia formado uma equipe para disputar uma das vagas para a equipe de adestramento que iria à Olimpíada de Pequim.

Ele contratou um excelente técnico alemão para treiná-los em regime de concentração total. Para compensar o isolamento, Paulo chamava uma pessoa toda semana para dar uma palestra. Como o desafio deles era quase impossível, a mulher do Paulo sugeriu o meu nome como exemplo de superação.

Três dias depois da minha apresentação, Paulo me ligou contando que o treinador alemão tinha ficado tão impressionado com a minha história que anunciou que voltaria a competir. Ele contara à equipe que havia parado por causa de um problema de coluna decorrente de uma queda grave. Mas, depois de ouvir a minha história, decidiu tentar mais uma vez.

É muito compensador ouvir essas coisas. Certa vez um casal me procurou para agradecer. Segundo eles, minha palestra os ajudou a olhar a vida de outra forma. Eles estavam em fase de separação e desistiram. "Você mudou a nossa vida. Passamos a ver as coisas de uma forma diferente", disseram. Mas a história que mais me comove é a da adolescente que me viu esquiando na lagoa Rodrigo de Freitas.

Como é comum ter gente assistindo ao meu treino, no início nem reparei muito nela. Às vezes há pessoas de cadeira de rodas levadas por parentes porque estão deprimidas, ou meros curiosos que se entusiasmam com a modalidade e querem saber mais detalhes. Então eu estava lá tomando o meu energético depois do treino e aproveitando o sol para relaxar, quando percebi essa menina andando de bicicleta para lá e para cá, como quem quer se aproximar mas não tem coragem.

Era nítido que ela não estava bem mas não conseguia tomar a iniciativa, então quebrei o gelo:

— Oi, tudo bem?

Ela ficou meio surpresa e perguntou se podia conversar comigo.

— Lógico. Senta aqui do meu lado, vamos bater um papo.

Como ela não falava nada, tentei puxar assunto:

— Você estava me vendo esquiar?

Mesmo sem obter uma resposta, comecei a contar como fiquei paralítico e me tornei esquiador. Ela, como quase todo mundo, nunca tinha ouvido falar em esqui aquático para deficientes físicos. Aos poucos ela foi relaxando. Era como uma flor murcha que começava a ressuscitar. Dava para ver pelo brilho de seus olhos que ela estava se reerguendo por dentro.

O próximo passo, óbvio, era tentar fazê-la desabafar. Todo mundo, quando se sente assim, precisa botar para fora o que está sentindo. De repente, ela começou a chorar. Depois de um tempo, achei que estava na hora de perguntar qual era o problema:

— Desde que começamos a conversar, estou sentindo que algo muito sério está se passando dentro de você. Se quiser, estou à sua disposição para conversar. Você não me conhece, mas saiba que tenho juízo suficiente para guardar segredo sobre tudo o que for falado.

Ela balbuciou um "tudo bem", mas continuou chorando. Pouco depois, virou-se para mim e disse:

— O senhor sabe o que acabou de fazer? O senhor acabou de salvar a minha vida. Eu estava indo me matar.

Fiquei tenso e perguntei logo que história era aquela. Então percebi a aproximação de duas mulheres meio desnorteadas. Ela também as viu e acenou:

— Mãe, calma, fica tranquila. Esse santo homem acabou de me salvar.

Fiquei pensando muito no que tinha acontecido. Comecei a me dar conta de que as vitórias que conquisto no esqui aquático não são só minhas, elas também servem de instrumento para várias outras pessoas. A minha responsabilidade era muito maior do que eu imaginava.

Fazendo o bem para ser feliz

Encontrar o verdadeiro prazer de competir depois de completar 50 anos e de estar paralítico há 13 não foi apenas uma conquista pessoal. Foi também a vitória de todas as pessoas que acreditam na reinvenção da vida. Saber que estou praticando um esporte que faz bem para muita gente me faz bem também.

Descobri que a felicidade está naquilo que a gente faz bem, desde que isso beneficie aos outros. Quando estou na lagoa, descendo a rampa de cadeira de rodas e me preparando para entrar no esqui, algumas pessoas param e observam como faço para me acomodar nele. As mais curiosas se aproximam, fazem perguntas e comentários, enquanto outras apenas olham. Já presenciei até reações de euforia, como se a pessoa tivesse visto algum tipo diferente de malabarismo. Outras parecem não acreditar no que estão vendo.

Às vezes até chamo algum curioso para acompanhar o meu treino de dentro da lancha, apesar de isso atrapalhar o meu rendimento. Uma lancha pesada demais faz a marola aumentar. O habitual é que ela comporte no máximo três pessoas, como nos campeonatos: um piloto e dois juízes. Acima disso, é treino perdido. É a mesma coisa que pegar um carro de corrida para treinar numa pista de paralelepípedos. Para o pessoal que faz wakeboard, quanto maior a marola melhor, mas para o slalom não funciona assim.

Certa vez levei uma família inteira: pai, mãe e filhos, todos achando uma maravilha, e eu sabendo que seria um treino perdido. Mas logo tirava esse pensamento da cabeça, pois aprendi que não esquio só para mim. Sinto que tenho de estar atento e à disposição de quem se interessar pela minha história. Se assim já pude evitar que uma menina se matasse é porque tenho essa missão.

É por isso que faço as minhas palestras desinteressadamente em escolas, encontros de jovens e associações. Em geral vou aonde me chamam, não questiono o lugar ou o tipo de público, embora nos últimos tempos tenha começado também a fazer palestras profissionalmente. Ao abordar temas como autoestima, superação e motivação, comecei a ser chamado para dar o meu testemunho em empresas.

Minhas andanças mostraram que todo mundo precisa fazer o bem para ser feliz. E que o ideal é descobrir algo que lhe dê prazer, pois isso lhe permitirá fazer bem qualquer coisa. Se você gosta de fazer pipoca e acha que ela é boa, não tenho dúvidas de que se tornará um bom pipoqueiro. Primeiro, porque vai se sentir bem fazendo pipoca. Segundo, porque seu produto será muito benfeito e isso agradará as pessoas. O exemplo parece banal, mas demonstra claramente no que reside a felicidade. É preciso se doar para ser feliz.

Ato de solidariedade

Sempre fui muito solidário com pessoas que passam por problemas sérios, principalmente com os mais carentes. Lembro que um dia — naquela época ainda não usava cadeira de rodas — eu tinha acabado de participar de um concurso na Sociedade Hípica Brasileira e conversava com amigos, quando de repente ouvimos um barulho enorme de explosão. Ao ver algumas pessoas correndo em direção às cocheiras, senti que algo muito grave havia acontecido e também corri para saber se poderia ajudar de alguma forma.

Cheguei ao local e encontrei uma aglomeração de pessoas meio perdidas, dando palpites desencontrados, e fui afastando os que estavam à minha frente. Sentado no chão, um dos funcionários do clube que, ao tentar soldar um latão, não percebeu que ainda havia combustível dentro. A explosão foi instantânea, como mina em campos de guerra. De olhos arregalados e imóveis, ele falava coisas sem o menor sentido e tinha uma fratura exposta na perna esquerda, exatamente igual a da minha infância em Cabo Frio. Assim que o vi, lembrei-me do que havia acontecido comigo e quis imediatamente tomar as providências necessárias. Tentei acalmá-lo um pouco, mostrando a cicatriz na minha perna esquerda, na mesma altura da dele, como uma forma de dizer que ele ficaria bem. Em seguida, para garantir um bom atendimento, liguei para o dr. Sérgio Rudge, naquela época responsável pelo Hospital de Traumato-Ortopedia do Rio de Janeiro. Solicitei um atendimento imediato e disse que eu assumiria todos os custos.

Meses depois, o funcionário acidentado apareceu na Hípica, ainda com a perna engessada, para me abraçar e agradecer.

Outro caso aconteceu quando eu já estava na cadeira de rodas havia alguns anos. Vi uma reportagem no *Fantástico* sobre a Gláucia Mota, uma menina de Sorocaba que tinha ficado tetraplégica após um acidente. Ela caiu da garupa da moto do namorado ao passar por um quebra-molas. Como estava sem capacete, teve uma lesão cervical. Quando o inchaço medular começou a diminuir, ela voltou a ter algum movimento e conseguiu ser avaliada por um médico carioca. Segundo ele, se ela fizesse o tratamento correto, teria chance de recuperar outros movimentos, e certamente melhorar a qualidade de vida.

Sem o tratamento, ela ficaria tetraplégica para sempre, já que a lesão tende a cristalizar se a pessoa não fizer a estimulação adequada nos primeiros seis meses após o trauma. Como não tinha condições financeiras para tal, Gláucia decidiu pular de paraquedas para chamar a atenção e ver se arrumava um patrocinador. Aquilo me deixou muito angustiado. Liguei imediatamente para um amigo que trabalha na Globo e perguntei se era possível eu entrar em contato com a menina.

Quando consegui falar com ela, contei a minha história e me propus a conversar com o médico responsável e pagar o tratamento. Na verdade, eu mesmo tinha me interessado pelo tratamento de estimulação nervosa, mas infelizmente não era indicado para o meu caso. Ao contrário da lesão de Gláucia, a minha tinha sido completa.

Como seria um tratamento demorado, o médico explicou que ela teria de permanecer no Rio de Janeiro por pelo menos seis meses. Não dava para ficar indo e voltando.

— E na situação dela imagino que alguém da família tenha que acompanhá-la — acrescentou.

Decidi então incluir uma verba para que a família de Gláucia pudesse alugar um apartamento. Ela não acreditou:

— Por que o senhor está fazendo isso por mim? — perguntou.

Respondi que o porquê não vinha ao caso. Queria apenas que ela não revelasse o meu nome. Expliquei que muita gente faz esse tipo de coisa para aparecer, mas isso não me interessava. Só queria vê-la feliz.

Tempos depois, ela me contou que no começo achava que eu fosse louco e só acreditou que eu ia fazer tudo aquilo quando o gerente do banco em Sorocaba telefonou para a casa dela chorando de alegria.

— Gláucia, você não vai acreditar! Tem um dinheiro aqui na sua conta. Só pode ser para o seu tratamento!

Foi uma festa na cidade dela. A menina me ligou emocionada.

— Você vai me prometer que não vai falar em público que sou eu que estou fazendo isso. Quando você chegar ao Rio vamos nos conhecer, mas quero que você saiba que o seu único compromisso é se dedicar totalmente ao tratamento — eu disse.

Naquela época ela mexia um pouco os dedos da mão e a cabeça. De resto, a mobilidade era zero.

O *Fantástico*, é claro, fez uma matéria contando que ela tinha conseguido dinheiro para o tratamento. Quando o repórter perguntou quem era o patrocinador, fiquei nervoso, mas ela explicou que o máximo que podia dizer é que se tratava de um empresário cujo nome tinha as iniciais TM. Não precisava mais nada. Todo mundo que me conhecia sacou que tinha sido eu, mas ela estava tão emocionada e agradecida que deixei para lá. O que importa é que o tratamento proporcionou resultados excelentes. Recebo um cartão dela a cada Natal e a cada aniversário.

Por que é importante começar a se mexer logo

A lesão na medula pode ser completa ou incompleta. Ela é completa quando há uma ruptura na coluna vertebral, ou seja, quando esta é totalmente seccionada. A vértebra é como uma tubulação por onde passa a medula nervosa. Sua função é proteger a medula. Então, quando acontece uma lesão, a vértebra quebra, e um ou vários fragmentos entram na medula. Na parte em que a medula foi seccionada não tem jeito, mas no restante pode haver recuperação, embora não seja instantânea.

Como toda pancada provoca um edema, um trauma na espinha provoca inchaço no material nervoso que está ali dentro. Como a parede da vértebra é rígida e o edema é interno, aquela parte do corpo fica bloqueada. Com o tempo, à medida que o edema vai diminuindo, a parte que não foi afetada volta a ter os movimentos. É impossível prever o tipo de sequela que a pessoa terá. Só o dia a dia mostrará se ela voltará a se movimentar, quem sabe até andar, e quais sequelas ficarão.

Hoje a medicina sabe que o inchaço medular provocado por um trauma na espinha dorsal pode começar a ceder a partir do quarto mês, mas esse período pode se prolongar por até um ano. Por uma questão de precaução, e também de aperfeiçoamento do que sobrou, é preciso que o fisioterapeuta exercite a pessoa em todos os movimentos possíveis, com base no local da lesão. Não dá para ficar sem fazer nada durante seis meses, à espera do que vá acontecer, pois a musculatura atrofia, e o processo de recuperação dos movimentos é dificultado.

Essa história foi um divisor de águas em minha vida. Eu ainda era empresário e vice-presidente do Grupo Montreal, mas já havia começado a querer ajudar os outros. Na verdade, na minha vida privada, sempre respeitei e valorizei o trabalho das pessoas mais simples. Não diferencio um piloto de Fórmula 1 de um mecânico que aperta o parafuso da roda do carro na parada para abastecimento. O carro só vai render se o mecânico fizer o seu trabalho direito. Por isso, sempre que eu posso direciono um gesto de carinho a essas pessoas. Quero que os outros também vejam que somos todos iguais, que apenas estamos em atividades diferentes.

A verdade é que, ao ficar paralítico, passei a me incomodar com coisas que antes eu nem reparava.

QUEBRA DE SCRIPT

- O bom líder é aquele que mantém a calma na hora de tomar decisões.

- Fazer bem o bem faz com que este seja melhor ainda para os outros também.

- A descoberta espiritual é uma conquista da perseverança.

- Use o processo de superação de um trauma como exemplo de esperança, pois ele é uma ferramenta eficaz para ajudar os outros e, ao mesmo tempo, para manter o desejo de seguir em frente.

- Desenvolva a capacidade de análise e o distanciamento crítico mesmo em situações de crise.

- É preciso ter paciência para que as coisas comecem a acontecer.

4

QUEBRA DE PARADIGMA

GERALMENTE AS PESSOAS comemoram o dia em que nasceram como um símbolo do princípio de suas vidas. Eu já não dou tanta importância assim ao dia 30 de julho de 1954. Gosto de dizer que tenho cinco momentos marcantes: meu casamento com a Clara, as datas de nascimento dos nossos dois filhos, o dia em que caí do cavalo e fiquei paralítico e, por fim, quando dei o testemunho para o papa João Paulo II. Essas são as datas mais importantes da minha vida.

O namoro e o casamento com Clara foram uma quebra de paradigma pessoal, pois eu estava certo de que nunca me casaria e que, se casasse, ia acabar me separando, como todos em minha família. Mas o amor faz coisas que a gente nem sequer imagina.

Eu era o rei da noite. Gostava tanto de dançar que costumava ir ao Hippopotamus de terça a domingo. Meus ídolos eram John Travolta e Michael Jackson. Imaginem só o que eu não fazia na pista da discoteca. Como não bebo, a boate nem me cobrava consumação, pois eu dançava tanto que ajudava a manter a pista cheia.

Nessa época, minha companheira de discoteca era a Bia Salles. Tem gente que não acredita em amizade entre homem e mulher, mas a minha relação com Bia desmente isso. Éramos muito amigos e unidos, e ela não se conformava com a minha mania de achar que não poderia casar porque certamente iria me separar no futuro. Eu até sonhava em constituir família, em chegar em casa e ter mulher e filho à minha espera, mas achava que era perda de tempo pensar nisso.

Bia fazia de tudo para me convencer do contrário, mas eu não queria arriscar. Às vezes eu ficava na maior fossa, mas, mesmo assim, mantinha a minha posição de solteirão inveterado. Um dia, no entanto, ela avisou que tinha descoberto uma garota que ia me fazer mudar de ideia.

— Como já percebi que falar não vai mudar a sua cabeça dura, sei de uma amiga que talvez consiga fazer isso. Se ela não o fizer, ninguém mais conseguirá — afirmou confiante.

Fiquei embatucado. Afinal, a gente se conhecia havia anos. Que amiga era essa que eu não conhecia? O que ela fazia? Era psicóloga? Diante da saraivada de perguntas, Bia limitou-se a dizer que, quando ela fosse apresentada, eu iria saber. Diante da minha insistência, ela falou que eu talvez conhecesse a família. Que família? Matarazzo? Ermírio de Moraes?

— Não, Trussardi.

Quando ouvi esse sobrenome, tremi nas bases. Quem não tinha ouvido falar das "trussardinhas"? Logo me lembrei de uma vez em que estava no aeroporto de Congonhas para buscar o meu pai — naquela época, viajar para o exterior era uma ocasião muito especial, então as famílias levavam e buscavam no aeroporto — e vi um monte de meninas lindas que minha irmã disse serem da família Trussardi.

Na minha roda de amigos, as filhas de Romeu e Maricy Trussardi eram famosas por sua beleza, da mesma forma que seus pais eram conhecidos por ser um casal exemplar e católico, com nove filhos, sendo sete mulheres e dois homens (o caçula Rodolfo nasceu depois que entrei na família).

Namorando uma "trussardinha"

Quem saía com uma Trussardi ganhava um cartão de visitas e tanto. Podia até colocar no currículo: "Eu saí com uma Trussardi." O único problema é que elas só namoravam na companhia de algum irmão ou irmã e seguiam as tradições religiosas. Achei logo que o negócio não ia dar certo. Fiquei me perguntando o que a Bia estaria pensando. Se ela achava que essa garota ia mudar a minha cabeça a ponto de me fazer querer namorar para casar, estava enganada. Essa Trussardi poderia até ser uma das sete maravilhas em termos de mulher, mas essa história de ter que sair acompanhado, ir à igreja, rezar... sei não. Reclamei com a Bia, ela só podia estar de brincadeira comigo. Mesmo assim, decidi conhecer a tal Clara Trusssardi, que, na época, tinha 19 anos. Antes tive de ser recomendado pela mãe da Bia, Thereza Salles. Ela disse à mãe da Clara que conhecia os meus pais e que, apesar de a tradição da nossa família ser bem diferente da dela, eu era um bom rapaz.

— Recebe ele que você vai gostar — ela pediu.

E lá fui eu, com a Bia a tiracolo, numa noite de domingo de junho. Estava garoando e fazia um frio danado.

Na hora em que tocamos a campainha da casa no bairro de Alto de Pinheiros, ainda tentei recuar.

— Não era melhor a gente tomar uma coisa rápida e sair para dançar? — perguntei.

— Não, você vai gostar — Bia garantiu.

Então, uma deusa abriu a porta. Como eu era meio afoito, Bia tratou logo de avisar:

— Essa é a mãe da Clara.

Uau. Imediatamente me veio à lembrança uma frase que meu avô paterno disse, quando eu ainda era criança, sobre o que era preciso para se ter um casamento feliz.

— Meu filho, precisa de várias coisas, mas você pode começar pela mãe da sua namorada. Se ela for bonita, é um bom caminho, pois é provável que a filha pareça com ela, e isso já é uma vantagem.

Uma coincidência ajudou o nosso início de namoro. As férias de julho estavam próximas, e ambos iríamos para o Rio, eu para comparecer a dois casamentos e Clara para ver a parte carioca da sua família. Tive que engolir o meu orgulho e aceitar sair acompanhado. No início tudo é novidade, mas com o passar do tempo a história de ter sempre uma irmã ou irmão mais novo entre nós dois começou a ficar esquisita. Certa vez dei uma prensa na Clara, e como resposta ouvi que ela se segurava porque queria ser mulher de um homem só. Cheguei a terminar o namoro por causa disso, mas ficamos separados apenas 24 horas. No dia seguinte voltei feito um cordeirinho e aceitei todas as regras do jogo. Só que aí as regras complicaram mais ainda: só podíamos namorar três vezes por semana.

Depois de uns dois meses de namoro, meus amigos começaram a me ligar. Estranharam o meu sumiço. Nesse momento, caiu a minha ficha. Eu não só estava namorando, como também estava aceitando todas aquelas condições. Logo eu, o rei da noite, que adorava dançar. Aliás, esse era um dos meus lados negativos que faziam com que a mãe da Clara pegasse no meu pé. Ela dizia que eu era da boate e que, por isso, não devia ser "coisa boa".

Para provar a sinceridade de meus sentimentos, parei de ir à boate, parei de dançar, parei tudo. Quando meus amigos me instigavam, eu dizia que estava muito bem, obrigado. E assim foram os dois anos e meio de namoro e noivado, com encontros na casa dela e saídas eventuais para ir ao cinema ou para jantar fora, sempre com alguém do lado. Na única vez em que saí para dançar com Clara, estávamos com um grupo de cerca de trinta pessoas. A boate Regine's, do Hotel Meridien, tinha acabado de ser inaugurada, e a família da Clara, que estava no Rio, quis conhecer.

Aliás, essa era uma das razões para a gente sair tão pouco. Com uma família tão grande, o gostoso era ficar em casa.

Toda noite era como se estivesse acontecendo uma recepção, pois havia no mínimo vinte pessoas presentes. Para quem tinha uma certa carência familiar como eu, era uma rotina muito bem-vinda.

Fidelidade total

Foram dois anos e meio de jejum e abstinência até o casamento. Imaginem! Dois anos e meio sem sexo aos 24 anos! Costumo dizer que aquilo superava qualquer prova de amor. E o pior é que meu filho nasceu antes de completarmos nove meses de casados, então todo mundo fez gozação com isso. Até meu pai caiu na nossa pele. Dizia que alguma coisa tinha acontecido antes. Na realidade o Thomaz nasceu adiantado, com exatos oito meses e vinte dias.

Apesar de adorar sair para dançar, sempre fui fiel às minhas namoradas. Acredito que ser fiel é uma maneira de homenagear a mulher.

Por amor à Clara, resisti até às armadilhas que meu pai plantou em meu caminho quando soube que eu ia mesmo me casar. Ele chegou a inventar que eu tinha de acompanhá-lo numa viagem de trabalho, sob a alegação de que "era bom ver como são os contratos do setor público", e me testou de todas as formas, inclusive arranjando mulheres lindas para nos acompanhar nas recepções e nos jantares. Como eu me mantive frio, ele viu que eu estava determinado. Mesmo assim, apelou:

— Você sabe que casar é um absurdo. Quer prova maior que toda a nossa família?

Mesmo achando que a separação estava no meu DNA e que o casamento não era uma experiência possível, eu sonhava em ter uma família.

— Você sabe que não vai dar em nada — meu pai dizia.

Na época fiquei até magoado, mas hoje entendo o seu medo. Nenhum tio meu foi feliz no casamento. Eu costumava brincar dizendo que só existia uma pessoa sábia em toda a família: minha tia do lado materno. Ela nunca se casou.

Meus avôs eram médicos e muito amigos. Como cada um teve três filhos — do lado da minha mãe, duas mulheres e um homem; do lado do meu pai, uma mulher e dois homens —, eles chegaram a sonhar com os filhos se casando entre si. Só minha mãe e meu pai realizaram esse sonho.

Na verdade, meus pais foram criados juntos. Ela, filha legítima do casal Álvaro e Maria do Carmo Pires. Ele, filho "emprestado". Explico: vovô Elyeser Magalhães e vovó Maria de Lourdes (vovó Neném) passaram muitos anos no exílio, fugindo da perseguição política. Meu avô era uma espécie de Dom Quixote, um salvador das causas perdidas, e tinha alguns amigos que na época de Getúlio Vargas eram comunistas. Muitas vezes ajudava a escondê-los para não serem presos, e isso acabou fazendo com que ele fosse pego e também tivesse que se exilar.

No início, ele fugiu para viver no cangaço, no Nordeste, onde se fazia passar por curandeiro já que não podia clinicar, mas após a Revolução de 1930 a perseguição política recrudesceu, e ele precisou fugir para a Argentina. Minha avó acompanhou o marido, mas não levou todos os filhos, só minha tia. Meu tio Elyeser Jr. foi criado por um dos irmãos do meu avô, o político Juracy Magalhães, e meu pai, pelos pais da minha mãe. Eles eram sua segunda família.

Meu avô Elyeser e minha avó Neném formavam um casal exemplar. Desde criança, eu percebia que a relação deles era diferente:

— Vô, faz aquilo que eu não posso ver — eu dizia.

E ele dava um beijo carinhoso na boca da minha avó.

— Aí, maravilha! — eu exclamava feliz.

O amor deles era tão perfeito que um morreu sem saber que o outro tinha morrido, num estilo meio Romeu e Julieta. Ele tinha esclerose, já não reconhecia minha avó e não estava bem no dia em que ela morreu. Então não soube e nem foi ao seu enterro. Mas acabou morrendo um dia antes da missa de sétimo dia dela. Contam que ele deu um sorriso e falou "Neném, eu vou te ver". A missa de sétimo dia da minha avó foi feita com corpo presente do meu avô.

Infância e adolescência longe dos pais

Meu pai teve uma infância e uma adolescência muito complicadas por causa do exílio do seu pai. Além de ficar na casa de meu avô materno, ele também foi interno no colégio São

José durante um período. Com uma extraordinária capacidade de raciocínio e de memorização, sempre foi o primeiro aluno da turma, além de grande esportista. Sua memória acabou sendo usada como meio de comunicação entre o pai exilado e os membros do Partido Comunista no Brasil.

Como não era seguro falar pelo telefone ou usar o correio, as mensagens eram transmitidas oralmente, por intermédio do meu pai. Ele viajava de navio e, para não levar nada comprometedor por escrito, decorava um código de letras. Na chegada a Buenos Aires, ia direto para um quadro escrever a mensagem codificada. Na volta, o processo se repetia. Na época, até os navios de passageiros eram interceptados em plena navegação para que a polícia revistasse todo mundo. Não raro alguém ia preso.

Meu pai tinha consciência de que um erro seu causaria problemas para muita gente, daí a sensação de heroísmo misturada à enorme responsabilidade que ele sentia sempre que era convocado a "visitar" os pais. Acho que foi por isso que depois de se separar da minha mãe ele tratou de resgatar a adolescência perdida. Afinal ele tinha apenas 50 anos, tornara-se um grande empresário e ainda estava bem fisicamente. Deve ter batido nele a vontade de aproveitar a vida de um jeito que não pôde antes.

Era realmente difícil acreditar que um homem com a cultura, o sucesso e o conhecimento teológico que ele tinha pudesse se suicidar. Hoje eu tenho várias explicações para o impulso suicida nos casos específicos da minha irmã, do meu tio e do meu pai, mas é algo que eu guardo dentro de mim. Falar sobre isso não ajuda ninguém.

O que ajuda é mostrar que consegui dar a volta por cima apesar desses fatos dramáticos, trágicos e desesperadores. É claro que precisei ir ao fundo do poço e voltar para aprender a ter paciência e ver essas tragédias como oportunidades de superação e mudança.

Talvez seja essa a razão pela qual eu não gosto de usar as palavras drama, tragédia ou acidente quando me refiro à queda que me deixou paralítico. Essas palavras têm uma conotação de sofrimento profundo, de dor, do tipo que não passa. Prefiro encarar a queda como um marco que sinaliza uma mudança de rumo em minha vida.

QUEBRA DE SCRIPT

- Não tome decisões precipitadas e mantenha a mente aberta a novas possibilidades.

- Veja até mesmo tragédias pessoais como oportunidades de superação e de mudança.

- Todo mundo faz tudo igual na vida. O que nos diferencia é o fato de que algumas pessoas se predispõem a mais, outras a menos; umas planejam mais, outras menos.

- Quando uma situação difícil não puder ser evitada, prepare-se para enfrentá-la com serenidade e determinação. Certamente será uma ótima oportunidade de aprender algumas coisas que muitas outras pessoas jamais aprenderão.

5

UM HOMEM DE PALAVRA

MEU PAI SEMPRE foi um modelo de caráter, de inteligência, de amor ao conhecimento. Ele estava sempre com um livro na mão. Às vezes lia vários ao mesmo tempo. Apesar de admirá-lo e amá-lo profundamente, queria de alguma forma ser diferente dele. Queria construir uma carreira por méritos próprios, e não repetir os seus passos. Tanto que cheguei a fazer cursinho para engenharia, mas, às vésperas do vestibular, mudei de ideia e escolhi administração de empresas. Para mim, ele era um semideus.

Engenheiro e empresário de sucesso, respeitado e bem-relacionado, meu pai fundou a Montreal Montagem e Representação Industrial no ano em que nasci, 1954. Um ano depois, nos mudamos para Santos porque a empresa foi contratada para construir a Refinaria de Cubatão. Como ele era o responsável pela obra, moramos quatro anos em Santos. De lá, fomos para São Paulo.

Derek Parker foi seu sócio desde o início, e Sérgio Quintella veio mais tarde para juntos criarem a Montreal Empreendimentos, conglomerado que no auge chegou a ter 30 mil funcionários, incluindo as subsidiárias Montreal Engenharia, Montreal Informática, BSM (Bozano-Simonsen-Montreal, de aluguel de equipamentos), Montor (fornecimento de mão de obra para serviços de montagem), Promon (associação feita com a empresa de construção norte-americana Procon e funcionários) e Iesa (Internacional de Engenharia).

A morte de meu pai mudou o meu destino. O sonho de fazer carreira dentro da minha área foi por água abaixo. O plano era me tornar um grande empresário, mas não me restou outra opção senão a dura realidade de assumir, aos 30 anos, uma posição completamente diferente da que eu imaginara e que trazia em si dificuldades inusitadas. Eu era filho do sócio, não o sócio, e nem todo mundo imagina como essa situação pode ser difícil.

Na realidade, meu pai achou prematura a minha entrada na Montreal. Ele preferia que eu ganhasse experiência em outras firmas, mas o próprio Parker disse que estava na hora de eu começar a me preparar para assumir o meu lugar na empresa. Como estava recém-casado e já com meu primeiro filho, achei que era melhor mesmo ter um emprego estável.

Só tive a chance de trabalhar lado a lado com meu pai durante os dois primeiros anos em que ele foi secretário de Transporte no governo Paulo Egydio Martins, em São Paulo, de 1975 a 1979. Na Montreal, ficamos poucos meses juntos, porque me casei em abril de 1979 e no ano seguinte segui para a sede da empresa, no Rio de Janeiro.

Sócios e amigos de verdade

A relação entre meu pai e Parker era rara. Já é uma bênção quando sócios se dão bem, mas eles eram amigos de verdade. E foi por respeito à amizade que os unia que fiz uma promessa ao Parker, diante do corpo de meu pai.

— Quero que o senhor saiba que jamais vou usar minha posição de acionista para ir contra a sua vontade. Tenho total respeito por sua experiência e pelo que meu pai falava do senhor. Por uma questão de aprendizado, se eu pensar diferente, vou falar, perguntar, questionar, mas na hora de votar vou fazer o que o senhor quiser — eu disse.

Embora essa promessa tenha dificultado muito a minha vida profissional, achei que era uma questão de consideração ao sentimento do meu pai, bem como à experiência do Parker. Para mim, cabelo branco é patente.

Foi uma decisão que me custou caro, mas da qual não me arrependo, pois sabia que era o que meu pai gostaria que eu fizesse.

Resolvi fazer o MBA Executivo do COPPEAD, na UFRJ, em 1988, para aprimorar meus conhecimentos na área de management e poder participar com mais conhecimento e autoridade das principais decisões do Grupo. Eu queria fazer esse curso fora do Brasil, porém, devido à minha posição de acionista majoritário, junto com Parker e Sérgio Quintella, tinha que estar próximo do dia a dia da empresa. Foi uma experiência fantástica de novos conhecimentos, nunca imaginei que encontraria algo de nível tão elevado.

O braço político

Foi nessa fase que comecei a me dedicar à política, mas não à carreira de político. No meu entendimento, a melhor forma de sustentar o próprio negócio é ajudando os clientes a crescerem. Como o forte do nosso faturamento era junto ao governo, senti que se o nosso país melhorasse certamente nosso negócio também cresceria. Eu fazia aquilo por livre e espontânea vontade, sem interesses imediatos, e as pessoas do Grupo ficavam impressionadas com o trânsito livre que eu tinha em todas as áreas.

Tudo começou com o economista Paulo Rabello de Castro, uma das cabeças mais brilhantes da economia brasileira, com um vasto currículo e enorme reconhecimento internacional. Eu o conheci nos seminários internos que o Grupo Montreal realizava — para os seus executivos, diretores e chefes de cada uma das obras em andamento — cujo objetivo era debater os problemas e encontrar soluções, além de definir a missão e os objetivos da empresa (o que somos, o que temos de ser e o que precisamos fazer para chegar lá). Paulo Rabello costumava dar uma palestra sobre a situação política e social do país e sobre a sua visão do futuro.

Acabei me aproximando dele, nos tornamos grandes amigos e minha cabeça começou a fervilhar com ideias sobre como o Brasil deveria ser. Aos poucos, nossas discussões sobre a conjuntura econômica brasileira foram ganhando a adesão de grandes empresários. Nós brincávamos dizendo que aquele era o Clube do Hipismo e do Tênis, porque reunia empresários tenistas e cavaleiros.

Fiquei paralítico bem na época em que as discussões estavam em seu auge. As propostas ainda não tinham sido finalizadas, mas já havíamos definido os pensamentos estratégicos de longo prazo visando o crescimento econômico e também as primeiras providências que deveriam ser tomadas. Quando avisei que ia me retirar de cena, Paulo Rabello chegou a ir a Atlanta, onde eu estava me recuperando da cirurgia, para avisar que o grupo tinha decidido criar uma entidade com estrutura de ONG. Eles acharam que chegara a hora de começar a vender nossas ideias para o mundo político e que a melhor maneira de fazer isso era oficializando o nosso fórum para que, através dele, pudéssemos continuar vislumbrando um projeto para o país.

Assim foi criado o Instituto Atlântico, e eu fui eleito seu presidente. Nessa fase final, desenvolvi um bom relacionamento com os políticos do PFL, a ponto de participar diretamente da finalização do programa de governo do partido que Marco Maciel apresentou quando se tornou o candidato a vice-presidente na chapa de Fernando Henrique Cardoso.

Nas reflexões a respeito do país ideal, abordávamos o funcionamento do sistema político, dos poderes Executivo, Legislativo e Judiciário e da Constituição. Sugeríamos, inclusive, como a economia deveria funcionar. Nossa proposta chegou a ter nome: chamava-se PEC, Programa de Estabilização com Crescimento.

Paulo e eu estávamos sempre indo a Brasília "vender" nossas ideias, que abarcavam a necessidade de privatizar as redes de comunicação e a área de siderurgia, bem como a abertura para o mercado internacional de petróleo e prospecção. Na questão econômica, nós brigávamos pela independência do Banco Central — em nenhum lugar do mundo dá certo o Executivo, responsável pelos gastos, controlar aquele que emite a moeda.

Eu fazia palestras, visitava os políticos e cheguei a falar no plenário do Congresso. Uma de nossas propostas era a criação de um conselho suprapartidário e supraempresarial de aconselhamento ao presidente. O objetivo era diminuir a diferença de classes, melhorar a qualidade de vida e a distribuição de renda. Para demonstrar a viabilidade de nossos projetos, realizamos pesquisas e simulações expondo as vantagens do deslocamento de pessoas para perto dos polos industriais.

Algumas ideias foram aproveitadas, principalmente as relativas a comunicações, petróleo e siderurgia. Lembro que falei com o Paulo que o nosso grande erro foi não colocar uma boa pessoa de marketing para garantir o nosso direito autoral sobre os projetos implantados.

Um dos efeitos colaterais desagradáveis dessa movimentação toda foi o patrulhamento que sofremos; alguns grandes executivos tiveram suas carreiras abaladas. Porém fico feliz ao ver como o país cresceu, se desenvolveu, como a qualidade de vida do povo melhorou e o Brasil passou a ser visto com muito mais respeito pelos outros países. Se hoje qualquer pessoa pode ter acesso imediato a serviços de telecomunicações, se o Brasil conseguiu mudar radicalmente as suas reservas de petróleo e tornou-se um país altamente atrativo a novos investimentos, entre outras coisas, muito disso se deve às ideias e às lutas de todos os fundadores e integrantes do Instituto Atlântico.

Aliás, quando olho para trás e vejo o quanto o país mudou, sinto uma mistura de vaidade e satisfação por saber que algumas de nossas ideias deram muito certo. É a prova de que o tempo investido naquela missão não foi em vão. O resultado está aí para qualquer um ver. Hoje pode-se comprar um telefone celular por algumas dúzias de reais e falar o tempo que se quiser. Lembro que o meu primeiro celular custou uma fortuna e era um privilégio de poucos.

Minha atuação à frente do Instituto Atlântico continuou até a vinda do papa ao Brasil.

Auge do materialismo

De certa forma, a atividade política me ocupava e me motivava, mas não me realizava. Sendo assim, me apegava muito às coisas materiais como forma de satisfação.

Depois que fiquei paralítico e reassumi meu cargo de vice-presidente do Grupo Montreal, a insatisfação com o trabalho passou a me incomodar muito. Na realidade, ela crescia à medida que a espiritualidade ganhava espaço em meu cotidiano. Chegou um momento em que percebi que não fazia mais sentido continuar na empresa. Eu era vice-presidente porque tinha herdado a posição, não porque a tivesse conquistado. No fundo, eu era apenas o filho de um dos sócios e encabeçava um negócio que não era meu. Pelo menos era assim que eu via a minha contribuição dentro da empresa.

Sérgio Quintella já havia saído quando vendi a minha parte, em 1993. Não consegui com isso nenhuma fortuna que me permitisse viver o resto da vida de renda, mas o suficiente para ter o meu próprio negócio. Como a área de informática do Grupo Montreal estava sob meu comando direto, propus levar essa parte da empresa comigo.

Tomei essa decisão porque, ao contrário de todas as outras subsidiárias, que respondiam à presidência, a área de informática estava sob a minha responsabilidade direta. Eu tinha um ótimo relacionamento com as pessoas da área e me interessava pelo tema. Tal comportamento era bem diferente do dos demais sócios fundadores do grupo controlador, para os quais o parque de computadores parecia um ambiente de ficção científica, com aquele espaço selado por ar-condicionado de todos os lados, luzes especiais e armários monstruosos. Meu interesse, é claro, deixava os executivos da informática motivados. Afinal, além de vice-presidente, eu era um dos sócios majoritários.

Tinha ainda a vantagem de o departamento já ser uma sociedade limitada, recurso adotado para dar mais agilidade aos negócios, já que o setor aproveitava o tempo ocioso das máquinas para vender serviços a terceiros. O Grupo Montreal ainda era proprietário, mas a Montreal Informática já funcionava, de certa forma, como uma empresa à parte.

Patrimônio intelectual

Como se tratava de uma empresa de serviços, decidi aplicar alguns conceitos de gestão de pessoal que já vinha discutindo no Instituto Atlântico como parte de um pacote de medidas de modernização da economia brasileira. Na minha visão, a Montreal Informática sempre ficava com o patrimônio negativo na hora em que os funcionários iam embora, pois o que importava eram as pessoas que trabalhavam lá, não os enormes computadores. Eu sabia que se toda a equipe resolvesse mudar de profissão eu estaria perdido. De que adiantaria ser dono de um monte de computadores?

Exatamente para evitar o risco de investir o meu dinheiro e perder tudo, propus que os diretores e gerentes que integravam a cúpula da empresa se tornassem sócios do negócio, comprando 47% das cotas; os 53% restantes ficariam comigo. Pena que essa visão foi equivocada. O fato de possuir mais da metade das ações da empresa não me permitiu ter o comando efetivo.

Em menos de três anos, o relacionamento entre os sócios se deteriorou, e a empresa começou a ir por um caminho com o qual eu não concordava. Embora fosse o presidente, não conseguia mais impor a minha vontade sob risco de retirada do referido grupo de funcionários-sócios, a quem cabia a parte técnica do negócio. Para eles era fácil. Bastava alugar um prédio do outro lado da rua e montar a "Maria da Silva" Informática. Para mim, as coisas eram bem diferentes.

A realidade é que, apesar de conhecer os serviços que a empresa oferecia e saber como administrá-la, eu não dominava a área de informática, e foi essa a razão do meu insucesso. Eu não tinha uma relação próxima com as empresas donas das máquinas que usávamos em regime de leasing — Unisys e IBM — e não dominava os processos e as especificidades da área. O controle do processo estava na mão dos meus "sócios".

É provável que a oferta de venda da minha participação na sociedade tenha sido encarada por eles como uma oportunidade única de virarem donos exclusivos do negócio. Cheguei a pensar em usar a minha posição de controlador da empresa e partir para a briga, mas avaliei os prós e contras de um embate desse tipo. Seria algo extremamente desgastante e destrutivo, que certamente prejudicaria a empresa e, principalmente, as várias famílias indiretamente envolvidas. Diante disso, raciocinei da seguinte forma: se dez estão a favor e um está contra, é melhor esse "um" ir embora. Foi assim que decidi vender a minha parte e tomar outro rumo.

Apesar da atração pelas coisas materiais, nunca acreditei em ganhar dinheiro a qualquer custo. Para mim, a conquista da independência financeira passa pela ética, pelo respeito e, é claro, pela manutenção de um bom nome. Meu pai sempre me dizia isso, assim como meu avô e o avô de meu avô. Na minha família, a integridade do nome vem sempre em primeiro lugar. Sempre quis ser conhecido como aquele cara que cumpre o que promete e que faz as coisas com seriedade. Minha ambição sempre foi ser reconhecido como um homem de palavra.

Menos milionário e mais "espiritonário"

No intuito de continuar a remunerar o capital investido e consolidar seus negócios a qualquer custo, muitos empresários não se preocupam com o bem-estar social daqueles que compõem a força de trabalho de suas empresas. Sem emprego, o cidadão não prospera; e sem prosperidade não há fortalecimento nem melhoria na qualidade de vida da sociedade. A insatisfação generalizada é um ingrediente de peso na geração de conflitos. O casamento perfeito do capital com o trabalho é aquele em que a existência de um significa a subsistência do outro. O bom empresário é aquele que se preocupa menos em ser um milionário e mais em ser um "espiritonário", sempre em busca da paz de espírito, que é onde está a verdadeira riqueza.

A Feira da Criança

O dinheiro que sobrara de meus três anos à frente da Montreal Informática não era muito. Eu precisava encontrar logo outra atividade que gerasse renda e, de preferência, que mantivesse a respeitabilidade e o mesmo padrão de vida que eu tinha antes. Como comprar um negócio já estruturado e funcionando não era mais possível, comecei a pensar na hipótese de começar uma empresa do zero. Foi quando me lembrei da Feira da Criança, um evento de muito sucesso que acontecia em São Paulo na minha infância, nos anos 1960, que reunia todas as novidades relacionadas a brinquedos e jogos infantis.

Fiz uma primeira experiência, inteiramente beneficente, para testar o mercado. Sucesso absoluto. Como eu era vice-presidente da Hípica naquela época, usei o estacionamento do clube para sediar o evento e, com a ajuda de 15 amigas da Clara, coloquei a Feira de pé. Cada uma ganhou uma função executiva e metas a serem alcançadas. Funcionou como um relógio.

O sucesso da empreitada me levou a pensar em realizar a Feira da Criança profissionalmente, mas sem esquecer as suas raízes beneficentes. Montei um escritório no Rio Comprido, para ser o quartel-general da segunda Feira da Criança. Como sempre fui muito ligado à ecologia, tive a ideia de fazê-la no Jardim Botânico. Procurei o Gustavo Krause, na época ministro do Meio Ambiente. Eu o conhecia por causa de minha atuação à frente do Instituto Atlântico.

— O senhor me conhece e sabe que eu tenho o maior respeito pela natureza, mas a minha preocupação são as outras pessoas, que não me conhecem. Quero que elas sintam que o Jardim Botânico vai crescer com esse evento e que o parque não será afetado — eu disse.

Minha proposta era montar os estandes apenas nos caminhos de areia, e todas as atividades seriam ligadas à ecologia e à criança. Até o horário de funcionamento respeitaria o padrão do Jardim Botânico, que fecha os portões quando acaba a luz do dia. Para evitar que as crianças se perdessem dos pais, montei um esquema de alto-falantes para dar avisos e criei um folheto com um mapa, assim como uma Central de Achados e Perdidos. Também previ a realização de um patrulhamento pelas aleias, de modo a encontrar alguma criança perdida ou brincando em lugar que não devia.

Gustavo me colocou em contato com o diretor do Jardim Botânico, e não só ele, como toda a equipe técnica, abraçou a causa com euforia. Naquela época, o parque quase não tinha patrocinadores, e conseguir dinheiro era muito difícil. O diretor viu na Feira a oportunidade perfeita para atrair um público de alto nível. Os pais levam as crianças para brincar e aproveitam para conhecer o local. Quem sabe isso não despertaria o interesse de um futuro patrocinador?

Perigo iminente, necessidade de mudança de plano

Uma semana antes de a Feira acontecer, porém, uma bomba caiu no meu colo. Recebi um telefonema da direção do Jardim Botânico solicitando uma reunião comigo, porque o evento teria que ser cancelado. Para se ter ideia de quanto a Feira da Criança já havia sido divulgada e da expectativa gerada, a notícia foi ao ar pelo Plantão de Notícias da TV Globo. Foi um choque. Estava tudo pronto: os convites vendidos e os custos pagos. Chamei meu advogado, e fomos conversar com o diretor do Jardim Botânico.

Depois de várias horas de reunião analisando tudo que estava se passando, percebi que não tinha mais condições de fazer o evento. Mesmo que conseguisse uma liminar autorizando, com a diretoria do parque naquele estado de espírito, não tinha mais clima. O encanto tinha se quebrado. Saí dali chorando.

Dessa vez os problemas foram de outra natureza. Eu estava no comando e sabia exatamente aonde queria chegar. Ninguém dava um espirro sem antes falar comigo, mas fatores externos atrapalharam o negócio. O cancelamento foi um choque e uma enorme tristeza para todos os envolvidos, pois o meu objetivo, além de ganhar dinheiro, era fazer o bem, ajudando uma série de creches e entidades assistenciais.

Uma lição de resiliência

Depois dessa aventura, voltei a buscar desesperadamente uma ideia de negócio que me proporcionasse uma renda mensal suficiente para sustentar a família. Como eu tinha tomado a decisão de me dedicar à minha missão, precisava equacionar as necessidades financeiras e as espirituais. Estava seguro de que, se esse fosse mesmo o nosso caminho, Deus ia fazer com que eu e Clara conseguíssemos pagar as contas no final do mês. Disse a ela que a nossa vida dali para frente teria que ser um verdadeiro milagre.

Como não tinha mais dinheiro sequer para entrar como sócio em um negócio, a única coisa que me veio à cabeça foi a loja de artigos religiosos com a qual Clara sempre sonhou e que eu sempre criticava. Coloquei as cartas na mesa: se ela estivesse disposta a assumir a loja, eu montava o negócio e o administrava. Só não queria estar na linha de frente, pois nunca tive experiência com varejo e não tenho vocação para vendas. A sensação que tenho é de que, se me derem a missão de vender água mineral no meio do deserto do Saara, vou falir. Clara é exatamente o oposto. Tem tino comercial e sabe seduzir as pessoas.

O primeiro passo foi escolher um nome. Pesquisei muito antes de chegar ao sonoro, pequeno e elegante Agnus Dei, uma mensagem do Espírito Santo. Clara e eu estávamos deitados para dormir, e eu estava lendo a revista *Time*, que de religiosa não tem nada, quando deparei com um anúncio de página dupla, com título em letras garrafais: "AGNUS DEI". Passei a revista para Clara, dizendo que o nome da loja estava escolhido. Olhamos um para o outro e não foi preciso dizer mais nada; fomos dormir tranquilos.

O segundo passo foi fazer um minucioso planejamento financeiro do negócio. Logo ficou claro que, por mais que a loja tivesse uma boa variedade de produtos (livros, terços, imagens etc.), o resultado não seria satisfatório. Vender santinhos de papel e terços de plástico definitivamente não ia resolver o nosso problema. Precisava bolar algo que trouxesse maior valor agregado.

Uma coincidência (ou providência divina), então, cruzou o nosso caminho. Uma pessoa que fazia joias religiosas nos procurou dizendo que queria vender o negócio. Pronto! Era esse o produto que iria salvar o faturamento da Agnus Dei: joias com temas religiosos.

Sempre gostei de criar joias especiais para Clara em nossas datas de aniversário de namoro e de casamento. Como sou romântico e gosto de escrever algo para ela nessas datas, procurava associar tal presente a alguma coisa que estivesse acontecendo entre a gente.

De certa maneira, eu tinha uma pequena ideia sobre a criação de uma joia, mas não sabia como funcionava a parte prática do processo de confecção. De qualquer forma, estava disposto a aprender, pois as joias tinham potencial para o nosso objetivo.

Declaração de amor em forma de oração

Junto com as joias que dei para Clara ao longo de nosso namoro e casamento, sempre incluía algumas palavras. O texto que li na missa em ação de graças às nossas Bodas de Prata, celebrada por dez padres e dom Eugênio Salles, na época arcebispo do Rio de Janeiro, fez tanto sucesso que ganhou vida própria. Toda hora ouço histórias de outros casais que o usaram em suas próprias comemorações. Escolhi como inspiração a Oração de São Francisco porque ele era ligadíssimo à Santa Clara; e sou devoto dele, pela relação que ele tinha com os animais.

Esta é a minha versão da oração:

"Clara, você sempre é um instrumento de paz.
Onde há ódio, você leva o amor.
Onde há discórdia, você leva a união.
Onde há dúvida, você leva a fé.
Onde há erro, você leva a verdade.
Onde há desespero, você leva a esperança.
Onde há tristeza, você leva a alegria.
Onde há trevas, você leva a luz.
Você sempre procura mais consolar que ser consolada.
Compreender que ser compreendida.
Amar que ser amada.
Dar sem pensar em receber.
Perdoa sem exigir perdão.
E é por tudo isso que tenho certeza de que juntos,
    um dia,

> ressuscitaremos para a vida eterna, levados pelas mãos de Deus.
> Em nome do Pai? Eu te amo.
> Em nome do Filho? Eu te amo.
> Em nome do Espírito Santo? Eu te amo.
> Com todo amor."

Rapidamente fiz uns cálculos financeiros, visualizei alguns cenários e decidi: vamos em frente e compramos o negócio. Esse foi o início da minha retomada empresarial, e dessa vez nada podia dar errado. O passo seguinte foi pesquisar todo tipo de fornecedor. Afinal, nem eu nem Clara sabíamos onde comprar os livros, as imagens dos santos ou as joias. Nesse processo, aprendi a escolher o metal, as pedras preciosas, a fazer os desenhos e a explicar para o ourives como eu queria a joia.

Estava muito clara para mim a necessidade de aprender tudo isso. As joias são os itens que mais agregam valor no portfólio da loja, era essencial entender como funcionava seu processo de confecção. Se alguém trocar o ouro por um metal amarelo qualquer, preciso bater o olho e saber. Não havia necessidade de me tornar um ourives, mas eu precisava conhecer profundamente seu esquema de trabalho. Todos os grandes empresários que se fizeram sozinhos são assim. Não conheço um que tenha tido uma ideia e deixado sua realização a encargo de alguém, sem se envolver no processo. Ao menos nenhum que tenha dado certo. Alguns sabem delegar, o que é muito importante, mas toda história de sucesso começa com a pessoa controlando o processo. Para chegar ao estágio de apenas supervisionar e controlar o negócio, é preciso antes montar uma equipe com pessoas de confiança e esperar as coisas começarem a dar certo.

Não queria fazer as coisas de maneira convencional na Agnus Dei, mas de um jeito que eu achasse lógico. Era importante sentir o resultado de minhas decisões, até para aprender a confiar nos conselhos das pessoas. Fui fazendo mudanças à medida que a experiência mostrava o que funcionava e o que não funcionava. Lembro que em uma ocasião decidi não seguir a recomendação do ourives a respeito de determinado desenho e me dei mal. Tudo bem. Os erros são essenciais para o amadurecimento de um empresário. Pelo menos comigo foi assim. Precisei errar para ter convicção daquilo que estava pedindo e até para entender o que o ourives estava tentando me dizer. Só assim comecei a delegar responsabilidades.

Com os moldes das medalhas religiosas em mãos e algumas indicações de fornecedores, arregacei as mangas e fui à luta. Comecei a pesquisar como se trabalhava com ouro e descobri o Davi Moraes, um ourives fantástico, profissional maravilhoso. Criei uma planilha de custos para acompanhar o processo de confecção de cada joia. Cada peça tinha uma ficha de identificação, com o tipo de item (medalha, crucifixo etc.), a pedra e o metal usados, o peso, o preço do grama do metal usado em real e em dólar e o custo da mão de obra. Se a peça incluísse algum item extra, como um cordão, tinha espaço para adicionar a informação de quem era o fornecedor, o tamanho e o preço desse item em particular.

Criei também uma maneira de acompanhar cada tiragem da mesma peça, de modo a ter sempre acesso ao valor final e a uma série de outros dados. Se fossem fabricados, por exemplo, cinquenta crucifixos, era preciso preencher um quadrinho com as informações variáveis (mudanças de valor da matéria-prima ou do tamanho de pedra utilizada). Meu objetivo era poder extrair todo tipo de informação sobre as peças produzidas, inclusive se tinham sido fabricadas em série para a loja ou se eram peças únicas, feitas sob encomenda de algum cliente. É comum a cliente gostar de uma pulseira mas pedir para trocar alguma coisa, por exemplo. Sem um controle detalhado, fica difícil fazer o preço final.

Passei várias noites em claro fazendo contas e analisando os custos do negócio. Eu sou assim: se estou ligado numa coisa, não relaxo enquanto não a resolver. Além do mais, não consigo delegar responsabilidades se não tenho 100% do controle do processo. Talvez seja trauma pelo que aconteceu na Montreal Informática, mas preciso me sentir seguro a respeito de todo o processo. Não quero mais ficar refém de nada nem de ninguém.

Planilhas mais do que completas

Minhas planilhas eram tão completas e o sistema de informática tão ajustado às minhas necessidades que, quando a lei do cupom fiscal eletrônico entrou em vigor, a empresa que contratei para fazer a minha certificação disse que não precisava mexer no meu sistema. Uma das empresas autorizadas pelo governo para instalar o programa do cupom fiscal eletrônico, a Quadrant, afirmou que a matriz que eu havia criado para controlar a estrutura financeira e administrativa da Agnus Dei tinha mais informações do que o programa dela.

O meu sistema fornecia todos os números de que eu precisava para administrar o dia a dia e também para planejar o futuro. Estava tudo lá: o faturamento, o estoque, as vendas, o giro do estoque de cada peça, os recebíveis, os pagáveis. Parece que só agora, anos depois de eu ter passado o negócio para Clara e meus filhos, é que eles estão mudando a versão do sistema.

A escolha do ponto comercial também foi uma etapa importante no planejamento do negócio. Imaginava um ambiente aconchegante, em que as pessoas se sentissem à vontade para conversar e tomar um café. A ideia era que os clientes se sentissem num café espiritual. Por coincidência, a loja da Trousseau (rede que pertence ao irmão da Clara) da rua Redentor, em Ipanema, estava com o primeiro andar vago. O problema é que não tinha elevador, e a escada era estreita e no formato de meia-lua, o que impossibilitava o meu acesso de cadeira de rodas. Ou eu trabalhava em casa ou duas pessoas me carregavam todo dia para cima e para baixo, o que não é nada fácil.

Como era a única opção naquele momento, montamos a loja lá mesmo. Aos poucos as pessoas começaram a nos visitar, gerando um ótimo marketing de boca a boca. Meses depois, fui com a Clara ao Gávea Trade Center e vi várias lojas com placa de "aluga-se". Liguei para saber as condições e descobri que algumas eram três vezes maiores do que a que tínhamos e o aluguel era só um pouco mais caro. Analisando o custo-benefício da mudança, vi que valia a pena. Aluguei dois espaços e montei a loja do jeito que tinha planejado originalmente.

Não dizem que o segredo do sucesso é fazer as coisas com dedicação e amor?

QUEBRA DE SCRIPT

- Aja com seriedade e zele pelo bom nome — o seu e o da empresa.
- Mantenha uma postura flexível na hora de enfrentar desafios e situações difíceis.
- Escolher uma atividade profissional prazerosa é meio caminho andado para a realização pessoal.
- Adote uma política mais proativa na gestão de pessoal.
- Busque o equilíbrio entre o materialismo e o espiritualismo.
- Planejar qualquer negócio nos mínimos detalhes permite controlar o seu processo.
- Ter o controle de todo o processo é fundamental, mas não significa que você deva saber como faz. É necessário que você saiba do que precisa, a quem encomendar e o resultado esperado. Isso serve tanto para a indústria como para a prestação de serviços.

6

O DESAFIO DA REINVENÇÃO PESSOAL E PROFISSIONAL

QUANDO VOCÊ FICA paralítico, não tem muitas opções: ou parte para cima e enfrenta os obstáculos com disposição para superá-los, ou se deixa abater. Não tem meio-termo: ou está avançando ou está regredindo. Eu decidi ir em frente, e por isso mesmo precisava desesperadamente me adaptar à nova realidade e aprender a fazer as coisas da melhor maneira possível. Quanto mais eu protelasse o processo, mais dificultaria as minhas conquistas.

Como todo cavaleiro, aprendi desde cedo que quando você quer movimentar o cavalo numa direção diferente da que ele quer ir, não pode virar o cabresto de uma só vez, tem de ir aos pouquinhos. Foi assim que conduzi as coisas no meu processo de transformação e de mudança de atitude, com perseverança e audácia, mas aos poucos, no ritmo que o meu coração, o meu corpo e a minha mente permitiam.

Quem me conhece hoje como pai e marido realizado, atleta campeão, palestrante e empresário bem-sucedido não imagina o duro que dei para chegar até aqui. É verdade que fui radical em alguns momentos, mas foi necessário; por muito tempo aquele corte feito na lateral do meu tórax durante a cirurgia minou a minha força física e emocional.

Imaginem não conseguir nem levantar um braço quando você precisa aprender coisas básicas como entrar na cadeira de rodas e sair dela. Sem contar o nódulo que se formou no local do corte, que inflamava sempre que a região começava a ser mais exigida. Minha fisioterapeuta teve de experimentar várias técnicas até conseguir resolver o problema.

O início de meu processo de reinvenção pessoal e profissional foi como uma montanha-russa. Da mesma forma que em algumas ocasiões eu progredia a olhos vistos, em outras ficava péssimo e regredia à angústia inicial. Foi nesse vaivém de uns momentos de incrível progresso físico e mental e outros de puro desespero e ranger de dentes que passei os três primeiros meses no Shepherd Center, em Atlanta, após a queda.

A euforia que senti quando calcei as meias pela primeira vez foi, sem dúvida, um marco de superação importante, mas representou apenas uma pequena grande vitória em meio a muitas derrotas e decepções.

Fazendo o impossível

A perseverança para fazer coisas que a princípio pareciam impossíveis começou a dar bons resultados. Na realidade eu não conhecia o meu verdadeiro potencial. Acabei descobrindo que possuía uma enorme capacidade de adaptação, para a qual é fundamental nos curvarmos à sabedoria divina, que passa pelo sofrimento. Não é que Deus queira que soframos, Ele quer a nossa felicidade. No entanto, muitas vezes, para alcançá-la, é preciso passar pela dor — o que nos amadurece e nos torna mais fortes para superar outros sofrimentos.

Para o paralítico, qualquer conquista, por menor que seja, exige um esforço fenomenal. E, até pegar o jeito de executar determinada tarefa, a exaustão só aumenta, porque ao esforço físico se soma a ansiedade. É fundamental aprender a lidar com a frustração.

Logo que voltei para casa, contratei um enfermeiro para me ajudar. A ideia era que ele atuasse mais como um facilitador, inclusive na tarefa de me vestir. No início, eu demorava quase quatro horas para colocar as principais peças de roupa. Depois de muito praticar, consegui diminuir esse tempo para cerca de duas horas e meia.

Nesse processo de adaptação a memória recente prevalece, pois é o cotidiano que molda a realidade. Com o tempo, a memória antiga simplesmente desaparece. Não consigo me lembrar, por exemplo, de como tomava banho antes. Será que eu lavava primeiro a cabeça, os braços ou as pernas? Não tenho a menor ideia, até porque não fazia a menor diferença. A mesma dúvida surge quando o assunto é a sequência em que visto as roupas. O que será que eu vestia primeiro? A meia, a cueca ou a camisa?

De qualquer forma, a disciplina e a capacidade de adaptação para superar a perda de mobilidade me tornaram cada vez mais ágil e confiante. Pouco a pouco fui vencendo novos desafios e ampliando as minhas possibilidades. Tanto que decidi me arriscar em situações mais complicadas, tais como trocar pneu e entrar no carro e sair sem ter ninguém para guardar a cadeira de rodas no porta-malas (e depois tirá-la na hora de sair).

Não eram tarefas difíceis, apenas trabalhosas. Ao sair do carro sozinho, era preciso treinar como desmontar as rodas da cadeira e colocá-las no banco do carona sem sujar a roupa (um verdadeiro desafio, diga-se de passagem). Quanto à troca do pneu, o problema era o mesmo. Não havia dificuldade intrínseca à operação, eu precisava apenas de força e agilidade para retirar o estepe do porta-malas, subir o macaco e tirar e apertar os parafusos. Só não dá para escapar da sujeira que esse vaivém provoca.

A questão da sujeira é uma história à parte quando se usa cadeira de rodas. Ela é simplesmente inevitável. Para quem tinha um histórico como o meu, de manter um par de galochas no porta-malas por não suportar a ideia de entrar no carro com os pés molhados de chuva, trocar um pneu sozinho foi um ato de total desprendimento.

Testando os limites

Resolvi me testar em situações problemáticas porque queria ter certeza de que conseguiria me virar caso fosse necessário, ou seja, precisava sentir que tinha o controle de todo o processo para ficar tranquilo. A possibilidade de ter que trocar um pneu sozinho começou a passar pela minha cabeça porque tínhamos alugado uma casa de veraneio em Itaipava e, durante as férias das crianças, eu descia e subia a estrada Rio-Petrópolis diariamente para ir e voltar do trabalho.

Embora Clara insistisse que sempre tivesse alguém comigo no carro, eu achava uma maldade fazer o motorista ir até Petrópolis do meu lado para lá pegar um ônibus de volta e, no dia seguinte bem cedo, fazer a mesma coisa no sentido inverso. Mas ela fazia questão e eu concordava só para agradá-la. Apenas nos dias chuvosos é que eu abria uma exceção e combinava de deixá-lo na rodoviária do Rio.

Um dia, no entanto, o inesperado aconteceu. Eu já estava no fim da serra de Petrópolis quando o pneu furou. Ainda bem que foi o pneu, porque se tivesse quebrado um eixo eu estava liquidado.

Em vez de aceitar as diversas ofertas de ajuda dos motoristas — que se assustavam ao me ver de cadeira de rodas para lá e para cá, tirando o estepe do porta-malas e colocando o macaco para fazer a troca —, vi naquela situação a oportunidade de mostrar a mim mesmo que dava conta do recado. Eu lhes agradecia alegando que o carro era especial. Que especial que nada. Eu falava isso para a pessoa não ficar ofendida. Demorei mais de uma hora para fazer a troca, me sujei todo, mas consegui.

Foi também para ter autonomia que decidi descer e subir os quatro andares do prédio em que morava carregando a cadeira de rodas nas costas. Detalhe: entre um andar e outro tinha uma porta corta-fogo. Eu quis experimentar para ter certeza de que, se um dia houvesse uma emergência, eu saberia o que e como fazer. Uma coisa é a pessoa achar que consegue, outra é fazer de verdade. É como diz o ditado: "Na prática, a teoria é outra."

Eu sei que parece um tanto extremo me arrastar pelas escadas com a cadeira de rodas nas costas. Clara ficou tão horrorizada com a minha determinação de subir e descer os quatro andares que se recusou a acompanhar as horas de esforço físico extenuante que me renderam diversas manchas roxas e escoriações nas pernas. Mas fiquei satisfeito com o resultado. Se o prédio pegasse fogo e eu estivesse em casa sozinho, eu saberia que era possível me safar.

Eu precisava provar a mim mesmo que podia viver como uma pessoa1 normal. Eu podia não calçar a meia da maneira que calçava antigamente, mas calçava, e do meu (novo) jeito. Hoje faço tudo o que fazia antigamente, só que de outra forma. Quase sempre mais demorada, é verdade, mas consigo fazer tudo o que todo mundo faz. É por isso que, quando estou em um aeroporto ou em um shopping center, prefiro usar a escada rolante com a minha cadeira de rodas, como qualquer pessoa, e com a vantagem de ser muito mais rápido do que ficar esperando elevador.

Para conquistar a tão sonhada independência, comecei a fazer ginástica todo dia, durante várias horas, pois precisava desenvolver mais musculatura e assim ganhar agilidade e equilíbrio. Pedi autorização ao condomínio para montar um tablado no playground coberto do prédio, para me exercitar e treinar alguns movimentos.

Baseei-me nos obstáculos de percurso que usava no hipismo para montar um circuito de exercícios. Além da ginástica propriamente dita, queria aproveitar o revestimento acolchoado para amortecer os inevitáveis tombos que eu levaria ao treinar os movimentos necessários para realizar as atividades cotidianas.

Problemas ou oportunidades?

A falta de sensibilidade do peitoral para baixo me obrigou a aprender novas maneiras de me proteger. Um dia cheguei a fraturar uma costela sem perceber, porque foi em uma região onde não tenho mais sensibilidade. Só vi que tinha algo errado quando percebi um lado do abdômen mais afundado que o outro.

Na realidade, a paraplegia me obrigou a reaprender tudo, mesmo as atividades mais banais. No início eu vivia me machucando porque ainda não tinha me conscientizado dos cuidados especiais necessários por causa da falta de sensibilidade. Eu precisava rapidamente começar a entender as mensagens que o meu novo corpo me passava, pois um simples machucado, hematoma ou corte pode virar algo mais sério para quem usa cadeira de rodas.

De fato, tive vários episódios de escaras nas costas ou nas pernas, causadas pela simples pressão do osso sobre alguma superfície rígida. Sem contar os inúmeros cortes, hematomas e escoriações que surgem sem que eu tenha a mínima ideia de como foram causados. Qualquer batida de leve já vira uma inflamação, então é preciso ficar atento.

Aos poucos desenvolvi uma sensibilidade visual maior, de modo a compensar a incapacidade de receber sinais do peitoral para baixo. Aprendi, por exemplo, que as contrações involuntárias das pernas indicam que alguma coisa as está incomodando ou machucando. No começo eu achava que eram sinais de que um dia eu voltaria a movimentar a perna. Que nada. O espasmo apenas revela que ela está cansada, que preciso trocá-la de posição.

Hoje, quando bato o olho eu "sinto" a dor. Se por acaso eu estiver conversando com alguém e o meu pé estiver em cima de um prego, assim que me der conta da situação a imagem da dor vai surgir em minha mente e eu vou tirar rapidamente o pé dali. É como se a visão de algo potencialmente doloroso despertasse uma dor psicológica.

Dei-me conta de que, se encarasse os problemas como oportunidades, eles acabariam se revertendo em benefícios.

Se hoje aparece uma inflamação no meu pé, penso imediatamente no que vou aprender com isso. Uma postura bem diferente da que tinha nos primeiros tempos, quando eu entrava em parafuso diante de qualquer dificuldade e encarava os obstáculos como muros intransponíveis.

Hoje encaro a vida como se ela fosse uma fruta. Quando sou capaz de separar o bagaço e o caroço, tomo um suco gostoso, mas se teimo em colocar a fruta inteira na boca, é desastre na certa. Não tem jeito. A vida é feita de coisas maravilhosas e horrorosas, e é preciso aprender a transcender para conseguir separá-las.

QUEBRA DE SCRIPT

- Para mudar de atitude é preciso ter perseverança e audácia.

- O grande problema hoje nas empresas chama-se disciplina operacional. As pessoas não planejam o trabalho, mas é o planejamento que nos permite implementar os projetos, controlá-los, melhorá-los e, mesmo quando não gostamos do que estamos fazendo, realizá-los.

- Tire proveito da enorme capacidade de adaptação de cada pessoa envolvida no processo.

- Teste os próprios limites e crie alternativas quando se deparar com um obstáculo.

7

MUDANÇA DE HÁBITOS

SE EU NÃO TIVESSE caído e ficado paralítico, provavelmente seria uma pessoa bem diferente, sem a felicidade que sinto hoje dentro de mim, e não teria me reinventado, tanto do ponto de vista pessoal quanto do profissional. Seriam igualmente grandes as chances de não ter me tornado um esquiador competitivo, bem como de não ter me convertido ao catolicismo e descoberto que a vida é bem maior do que o simples acúmulo de bens e objetos de desejo. Mas como não adianta ficar imaginando como as coisas seriam "se" isso ou aquilo tivesse sido diferente, a realidade é que ficar paralítico mudou tudo para mim. Fui obrigado a ver a vida sob outro ângulo e a me reinventar como pessoa.

Não por acaso, a primeira providência que tomei ao ter consciência de que nunca mais voltaria a andar foi me desfazer de tudo o que remetia à minha vida anterior. Ainda em Atlanta, mandei vender a minha Honda 1000cc e a Alfa Romeo. Não queria encontrar nada que tivesse a ver com o meu passado.

Com os cavalos, as coisas não foram tão rápidas porque não queria vendê-los se não tivesse certeza de que estariam em boas mãos. Lorenzo foi vendido para o Rodolfo Figueira de Melo, que já tinha comprado outros cavalos meus, e a égua Emanuela acabou sendo levada para a Bélgica pelo João Aragão, que, além de amigo do peito, era meu negociador no que se referia a compra e venda de cavalos. João tinha sido meu treinador antes de ir morar na Bélgica, e nos tornamos tão amigos que eu confiava plenamente em suas escolhas.

Aliás, ele chegou ao Brasil no dia seguinte à minha queda, com o cavalo que eu tinha acabado de comprar e que pretendia usar no GP de Teresópolis. Era o Gauwan, que pertencia ao Jorge Carneiro. Imagine o choque que ele teve ao desembarcar com o cavalo e saber que eu tinha caído! Nunca tive coragem de perguntar a ele como tudo aconteceu. Só sei que ele conseguiu vender tudo o que eu tinha na Hípica — o quarto de sela, os equipamentos, tudo. A única dúvida era o que fazer com Gauwan.

Ainda emocionado com os acontecimentos, e também porque eu adorava aquele cavalo, perguntei ao Jorge se ele não gostaria de continuar competindo com Gauwan. Ele topou e isso me deu motivação para voltar a frequentar a Hípica depois da queda. Eu adaptei um quadriciclo e passei a acompanhar o circuito de campeonatos junto com Jorge. Isso durou uns quatro anos. Quando Jorge me avisou que estava parando de competir, minha filha passou a montar o Gauwan.

Minha volta à Hípica pela primeira vez depois da queda foi uma tremenda emoção. Lembro que eu mal tinha chegado de Atlanta, ou seja, eu já conseguia me deslocar sozinho com a cadeira de rodas, mas ainda estava meio sem forças e sentindo dores nas costas. Um amigo ligou dizendo que todo mundo na Hípica queria me ver. Topei. Marcamos de nos encontrar no domingo, antes do GP Roberto Marinho, prova que, na época, encerrava o calendário nacional de hipismo.

Assim que entrei pelos portões da Hípica, fui às lágrimas. Eu me sentia dividido. De um lado eu enxergava o Thomaz de antes, vestido a caráter e se dirigindo às cocheiras para preparar os cavalos para competir. De outro, via o novo Thomaz, agora se movimentando em uma cadeira de rodas — um bebê recém-nascido, porém com a consciência de um adulto que sabia tudo o que já não podia mais fazer.

As pessoas não me deixaram sozinho um minuto. Vinha todo tipo de gente me cumprimentar e dizer algumas palavras de incentivo, dos tratadores e funcionários mais simples aos diretores. Era triste e ao mesmo tempo emocionante. O ápice, no entanto, foi quando o alto-falante anunciou que o Grande Prêmio Roberto Marinho daquele ano teria o nome mudado, em caráter extraordinário, para Grande Prêmio Thomaz Magalhães. Parecia que o meu coração ia explodir em uma mistura de alegria e melancolia. Foi muito difícil ver e entender que aquele mundo não era mais meu.

Para completar o clima de comoção, todos os cavaleiros, na hora de cumprimentar o júri, também me cumprimentaram. E, no desempate final, Victor Alves Teixeira, ao ver que tinha ganhado, galopou a pista toda até parar na minha frente e tirar o capacete:

— Thomaz, essa prova eu ganhei por você e para você — ele disse.

Depois disso, só voltei à Hípica em 2009, como convidado, no Athina Onassis International Horse Show. Já fazia mais de dez anos que eu não ia assistir a uma prova. Encontrei velhos amigos como Jorge Gerdau e o filho do Rodolfo Figueira de Melo, que acabou falecendo devido a uma queda de cavalo, além de Jorge Carneiro, meu amigo-irmão, que estava voltando a competir depois de muitos anos. Foi um momento de reencontro e de muita saudade — dessa vez, no bom sentido. Eu estava num lugar que foi a minha vida durante mais de vinte anos, e meu sentimento era de alegria, não de tristeza.

Usina de ideias

O empresário do passado deu lugar a um empreendedor, palestrante e atleta competitivo em nível mundial. Apesar de tudo, a paralisia me permitiu fazer uma das coisas que eu mais gosto na vida: ter ideias. Ainda bem, pois não há nada mais necessário para um paraplégico que enfrenta desafios diariamente do que ter ideias para superá-los. Quando voltei a trabalhar, por exemplo, os desafios eram absolutos. Além de ter que me arrumar em tempo hábil para chegar ao trabalho às 10 horas, tinha de enfrentar inúmeras barreiras físicas no meu deslocamento até o escritório. A solução para muitas dessas situações estava no treino físico. Eu precisava fortalecer a musculatura dos braços, costas e ombros para ter autonomia e poder subir e descer degraus ou ladeiras, enfim, me locomover com independência. Mas as situações de que eu mais gostava eram aquelas que exigiam soluções criativas. O guarda-roupa de trabalho, por exemplo.

No início, usei os meus bem-cortados ternos e camisas feitos sob medida pelo alfaiate Alberto Marques, mas logo percebi que eles não eram compatíveis com a vida na cadeira de rodas. Não só o contato com a roda sujava o punho da camisa e a manga do terno, como acabava puindo o tecido ou até mesmo rasgando-o. Além disso, o paletó arrastava e prendia em tudo. O jeito foi adaptar os paletós às minhas novas necessidades.

Junto com Alberto Marques, tive a ideia de transformar o paletó do terno em uma espécie de jaqueta. Usei como referência uma jaqueta que era mais acinturada e curta que as normais, e pedi que Alberto colocasse um zíper até determinada altura e depois simulasse uma lapela, com botão e tudo. Esse truque visava facilitar o ato de vestir e manter a aparência de paletó social. Também pedi que ele encurtasse e ajustasse as mangas do paletó, de modo a não prender nas ferragens e nas rodas. Na parte de trás, a solução para o tecido não embolar foi aumentar o comprimento e colocar um elástico na barra.

Resultado: o paletó fica esticadinho, sem amassados ou embolados. Simplesmente perfeito.

Porém, como não trabalho mais em escritório, aos poucos fui deixando de usar terno e hoje me visto da maneira mais confortável possível. Mantenho no armário um único terno adaptado e o fraque que fiz em 2008 para o casamento de minha filha.

Soluções criativas

A criatividade é muito bem-vinda para quem é paralítico, pois as dificuldades do dia a dia de uma pessoa que se locomove em uma cadeira de rodas são infinitas. Elas vão desde uma frota pequena de ônibus adaptados até calçadas sem rampas, passando por carros estacionados na calçada, portas estreitas e ausência de rampas e elevadores em prédios públicos e equipamentos de lazer.

É claro que às vezes não há nada a fazer a não ser chamar atenção para o absurdo da situação. Foi o que aconteceu logo no início, quando precisei ir a um banco e a cadeira não passava pela porta. Tive que pedir a uma pessoa que estava entrando para chamar o gerente. Eu simplesmente não tinha como ir até ele.

Nessa mesma época, cheguei a Brasília no último voo do dia e, quando desembarquei, vi um sujeito se aproximando de mim com uma cadeira nojenta e de pedal quebrado, que não era a minha. Eu ainda estava me acostumando com os cuidados que precisava ter com o meu corpo e usava uma almofada especial para não me machucar. Por isso falei logo que não aceitava aquela substituição e que queria a minha cadeira. Então ouvi do funcionário que o porão de carga estava lotado, e que por isso a cadeira não tinha vindo no mesmo voo.

— Quer dizer que a minha cadeira está no mesmo nível de uma mala? — reagi indignado. — Se ela não chegar ao meu hotel em duas horas eu vou entrar com uma ação de perdas e danos!

Com isso o funcionário se deu conta do absurdo da situação e, não sei como, conseguiu que ela me fosse entregue algumas horas depois. Não dá para tratar uma cadeira de rodas como se fosse uma mala. Se uma mala é extraviada, a pessoa compra umas roupas e se vira, mas não dá para fazer a mesma coisa com uma cadeira de rodas.

Para completar o *nonsense*, o hotel em que eu ficava em Brasília tinha portas muito estreitas. Assim, para entrar no quarto, eu precisava descer da cadeira, sentar no chão, desmontar a cadeira, passar para a parte de dentro, remontar a cadeira e subir nela novamente. Acreditem, fazer isso depois de ter chegado de avião e descoberto que não embarcaram a sua cadeira de rodas porque o compartimento de carga estava cheio não é lá muito agradável. Eu tentava levar numa boa e fazer as coisas da maneira que era possível, até como forma de chamar a atenção das pessoas.

Hoje em dia tudo mudou para melhor. A acessibilidade é uma realidade em muitos lugares, especialmente em órgãos públicos e locais de grande afluência de pessoas. Mas há cerca de 15 anos a situação era outra. Até em Portugal enfrentei problemas nos hotéis, na primeira viagem internacional que fiz junto com Clara após a queda. Entre outras coisas, eu queria ir a Fátima agradecer o que havia recebido de Nossa Senhora.

Eu tinha uma cadeira especial, menor e desmontável, que, fechada, ficava do tamanho de uma valise. Esse modelo é feito sob medida para viagens porque pode inclusive ser molhado e, por ser mais compacto, é ideal para ser usado no banheiro. Cabe dentro do chuveiro, mas tem o inconveniente de não ter rodas.

O problema é que é preciso que o banheiro tenha um boxe. Como a maioria dos hotéis europeus tem o chuveiro dentro da banheira, um simples banho tornou-se um desafio e tanto. Não dá para montar a cadeira dentro da banheira porque esta tem o fundo arredondado, não oferecendo estabilidade. O jeito foi improvisar.

Entrar na banheira até que não foi tão complicado, mas sair, sim. Imaginem escalar a borda molhada e escorregadia por causa de algum resto de sabonete. O jeito foi me jogar no chão, correndo o risco de me machucar, para depois subir na minha cadeira de rodas. Clara ficou tão nervosa que se trancou no quarto para não ver a minha pequena aventura.

Quando voltei ao Brasil, decidi treinar a melhor forma de entrar e sair de banheiras. Queria fazer outras viagens internacionais e não ia ser uma reles banheira que iria me atrapalhar. Montei uma estrutura com dois canos de aço paralelos na altura de uma banheira e comecei a experimentar qual a melhor forma de levantar o corpo e de entrar e sair sem me machucar.

Esse era o meu método. Assim que uma dificuldade aparecia, eu me empenhava em descobrir a melhor maneira de superá-la. Por trás dessa decisão repousava a lógica que me move e que tem tudo a ver com o mundo dos negócios em que fui treinado: inovação, método, experimentação e disciplina.

Na primeira etapa, desenvolvo hipóteses e possibilidades: como fazer isso funcionar para mim? Como faço para conseguir levantar a minha perna? Como supero esse obstáculo? Na segunda etapa eu faço a análise da situação e defino as metas (ser vice ou campeão de esqui, por exemplo). Quando parto para a ação, já sei como e o que fazer.

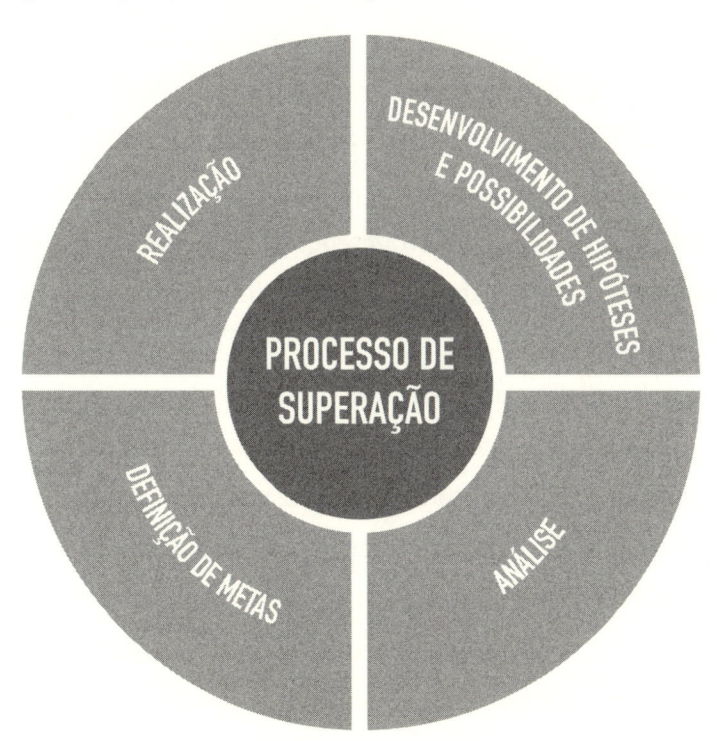

Como virar o jogo a seu favor

Às vezes é preciso optar pela estratégia do jiu-jítsu, em que você usa a força do outro para conseguir vencer. Ela é útil principalmente na situação em que seu oponente é mais forte. Nesse caso, o que fazer para virar o jogo a seu favor? O filme *Troia*, sobre a guerra entre gregos e troianos, mostra bem qual estratégia usar quando os dois exércitos estão prestes a se enfrentar e os chefes decidem deixar que um duelo entre seus melhores guerreiros decida qual lado sairá vencedor.

De um lado surge um superguerreiro gigante, pura força bruta. Do outro, um guerreiro normal, porém tão confiante que tiveram que arrancá-lo da cabana onde estava transando para que ele aparecesse para o desafio. A cena é fantástica. Ele para e olha para o adversário antes de sair correndo em sua direção. Quando chega bem perto, dá um pulo com agilidade e enfia a espada no pescoço do superguerreiro, que ainda está tentando entender o que aquela formiguinha pretende fazer.

A formiguinha mostrou que rapidez de raciocínio e a escolha da estratégia que valoriza os seus pontos fortes são as formas mais inteligentes de agir. Ela analisou rapidamente a situação, considerou as vantagens e desvantagens do adversário e agiu de forma cirúrgica: usou sua velocidade e sua impulsão para atingir o pescoço, único ponto fraco do inimigo, encerrando a luta antes mesmo de começar.

Não há exemplo melhor para demonstrar que todo problema tem uma solução e que não existem barreiras intransponíveis. As duas únicas coisas impossíveis de mudar são a morte e o sofrimento. Quanto ao resto, é uma simples questão de quando, como e o que fazer.

A verdade é que não importa a estratégia escolhida, o fundamental é tentar achar uma saída, de preferência com discernimento e determinação. Na dúvida, arrisque-se no caminho que você acha ser o mais correto e, se não der certo, saiba que errar também é uma ótima fonte de conhecimento e aprendizado. Os erros nos ajudam a mudar, a entrar em outro nível, e quase sempre ficamos melhores do que estávamos antes. Sem perseverança e determinação, só se chega ao meio do caminho. É preciso dedicar-se integralmente e se focar naquilo que é importante.

Nesse processo, aprendi também a me ater ao lado positivo das coisas. Hoje faço isso de forma consciente, porque sei que cada problema que surge à minha frente resulta em algum benefício posterior.

É o caso da Guerra do Vietnã. Tirando o que ela tem de intrinsecamente negativo, que é o fato de ter acontecido, sobram vários estudos técnicos que melhoraram a qualidade de vida de pessoas que usam cadeira de rodas. E essas melhorias só aconteceram por causa do grande número de veteranos de guerra com deficiências físicas. Um dos estudos, por exemplo, resolveu o meu problema de infecção urinária.

Os pesquisadores americanos descobriram que toda pessoa que faz cateterismo desenvolve uma bactéria que provoca infecção urinária de forma crônica. Essa bactéria fica hibernando e se manifesta apenas nos momentos de estresse e baixa imunidade. Descobriram também que a fruta *cranberry* inibe a ação dessa bactéria. Desde que comecei a tomar três cápsulas de *cranberry* por dia, nunca mais tive nada. (Eu tinha infecção urinária a cada dois meses e vivia tomando antibióticos.)

A necessidade é a mãe da invenção

As pessoas tendem a agir apenas quando os problemas batem à sua porta. Um bom exemplo é a rede de cinemas Severiano Ribeiro. Luiz Severiano Ribeiro é casado com Glória, uma das irmãs de Clara. Depois do meu acidente, ele pediu que eu indicasse as mudanças necessárias para facilitar a vida de outros paraplégicos cinéfilos como eu. Expliquei que não podia fazer o que ele estava pedindo porque eu não ia conseguir nem chegar perto da sala de projeção.

— Primeiro você precisa criar condições para eu entrar no cinema. Depois te conto o que é preciso fazer para facilitar a vida de quem é paralítico — disse a ele.

Foi talvez o impulso que faltava para que ele colocasse um elevador para as pessoas com dificuldade de locomoção. Reforma pronta, lá fui eu fazer o teste. Pude dizer ao Luiz que o cinema estava perfeito. Só tinha um erro: o lugar reservado para a cadeira de rodas atrapalhava quem estava atrás.

Mas se ele reservasse um lugar no fundo da sala ou embaixo da cabine de projeção, quem estivesse sentado na cadeira de rodas poderia ver o filme de um ângulo ótimo, sem prejudicar ninguém.

Hoje todas as salas da rede são assim. Atualmente qualquer shopping ou prédio comercial tem rampa de acesso, embora só algumas estações de metrô ofereçam o recurso. E ações de conscientização se multiplicaram em todo o mundo graças ao caso do ator Cristopher Reeve, intérprete do Super-Homem, que ficou tetraplégico em 1995 por causa de um acidente de cavalo. Sua lesão foi cervical alta, na C3, o que afeta o músculo da respiração, impedindo a pessoa de inspirar.

O drama de Reeve conseguiu atrair a atenção do mundo para os problemas decorrentes das lesões medulares e para as limitações da medicina em reverter os processos de paralisia e tetraplegia. Como ele botou na cabeça que ia voltar a andar, isso o levou a usar a fama e a força de seu nome para arrecadar fundos destinados à pesquisa.

Um dos projetos que resultou desse esforço foi a cadeira de rodas especial para quem tem lesão cervical mas ainda movimenta a cabeça. Trata-se de uma unidade móvel que faz a pessoa parecer um astronauta, mas o interessante é que ela permite que o tetraplégico possa sair de casa sozinho. Os comandos são acionados por meio de dois tubos, um de cada lado da cabeça. Com sopros ou pequenos movimentos é possível deslocar a cadeira. É o máximo de independência para quem vive uma situação tão adversa.

A falsa felicidade

Achei legal ele ter vivido esse sonho da reabilitação, pois isso lhe proporcionou uma vida de qualidade e o levou a quebrar paradigmas.

Eu não tenho mais esse sonho. Na verdade, nem acompanho as pesquisas com células-tronco porque sou fiel à Igreja Católica e ao papa, e o que a igreja determina eu não discuto. Posso até ter alguma dúvida interiormente, mas não polemizo nem dou opinião sobre uma posição da Igreja.

Na realidade, não me preocupo mais se um dia voltarei a andar. Eu me sinto muito bem do jeito que estou. Tão bem que costumo dizer, na abertura de minhas palestras, que sou feliz porque fiquei paralítico. Sei que parece estranho, até um pouco piegas, mas é a mais pura verdade. Precisei descer ao fundo do poço e fazer o caminho de volta para perceber que a verdadeira felicidade está dentro de cada um de nós.

É provável que eu já tivesse em meu inconsciente algum questionamento a respeito de uma visão materialista da vida; não esqueço uma conversa que tive com Gisela Amaral no auge dessa minha fase. Estávamos numa festa, e eu comentei que realmente estranhava ela não usar joias. Gisela confirmou que de fato preferia as bijuterias. Fiquei curioso e argumentei que ela tinha um marido rico e que era uma figura assídua no circuito social. Ela disse simplesmente que "não gostava de ostentar".

Essa conversa ficou fervilhando na minha cabeça, o que prova que eu já vinha sentindo um desconforto com a vida que levava. Mas será que abriria os olhos se não tivesse levado essa pancada? Naquela época, os meus olhos só se abriam para o lado de fora. Era a conquista das coisas materiais que me proporcionava momentos de grande euforia. No lado de dentro parecia não acontecer nada. Custei a entender que ser rico e bem-sucedido não é sinônimo de ser feliz. Se isso fosse verdade, a princesa Diana seria uma das mulheres mais felizes do mundo e Madre Teresa de Calcutá, uma das mais tristes. Lady Di tinha tudo: iate, avião, dinheiro, castelo, beleza. Ela era uma princesa conhecida no mundo inteiro. Em compensação, vivia deprimida. Madre Teresa de Calcutá, por sua vez, vivia num ambiente de sofrimento e tristeza, mas era feliz porque praticava o bem.

As pessoas têm dificuldade de entender que os sentimentos de alegria e tristeza são diferentes dos sentimentos de felicidade e infelicidade.

É do senso comum relacionar a sensação de felicidade à conquista de bens materiais. No início, os sentimentos que surgem são mesmo de júbilo, satisfação, realização e alegria, mas, assim que a posse daquele objeto idealizado se estabelece, a ganância logo escolhe outro alvo, e aquele objeto do desejo, agora realizado, perde o valor. É assim que funciona a falsa felicidade.

O mesmo acontece quando as pessoas falam de seus sonhos e desejos. Todo mundo tem um objetivo na vida ou sonha em ser alguma coisa, não é mesmo? Agora faça um exercício de imaginação e pense que está diante de um anjo com poderes de transformar em realidade qualquer pedido que lhe seja feito. Pode confessar, você não pediu para se tornar a pessoa mais rica e bem-sucedida do mundo? É o que a maior parte das pessoas pede. Só a minoria se contenta em pedir felicidade e paz de espírito.

A verdadeira felicidade

A partir do momento em que entendi a importância de ter paciência, as coisas começaram a acontecer. Não voltei a andar nem a montar, mas em compensação passei a ser uma pessoa feliz.

Eu não sabia que era infeliz. Era apenas uma pessoa alegre que confundia ser feliz com possuir objetos e acumular bens. Custei a descobrir que a verdadeira felicidade não está nas coisas materiais e não pode ser quantificada, muito menos comprada. Ela precisa, simplesmente, ser conquistada.

Hoje, independentemente do que estiver acontecendo à minha volta, sinto uma imensa paz interior, bem como uma sensação de tranquilidade e de proteção. Acima de tudo, sinto que as coisas vão melhorar. É como se eu tivesse cumprido a minha missão, feito o que devia.

E isso não tem nada a ver com religião. Não me sinto assim porque me converti à religião católica. A expressão "paz de espírito" significa que a pessoa tem plena consciência da situação pela qual está passando e pleno consentimento. Não dá para dizer que um mafioso tem paz de espírito. Um criminoso sabe que o que está fazendo é uma coisa do mal. Ele não só tem certeza disso como decide seguir em frente. Ou seja, tem pleno conhecimento e consentimento.

É claro que ele poderá ser perdoado, caso se arrependa e confesse os seus pecados. Nesse caso, pode ser que venha a sentir certa paz interior. Deus é assim. Você pode fazer as coisas mais estúpidas e absurdas; porém, se demonstrar que realmente está arrependido, tentar reparar o mal causado, vai sentir alívio.

É mais ou menos como a minha decisão de tirar a própria vida e o meu arrependimento. A religião católica hoje em dia considera que, se entre a decisão de se matar e a morte propriamente dita a pessoa se arrepender, seu ato pode ser perdoado. Não importa que isso aconteça por uma fração de segundo. Minha irmã, por exemplo, se atirou do oitavo andar. Caso, no meio do caminho, ela tenha pensado "Que besteira eu fiz", a Igreja considera que ela teve um momento de fraqueza, mas se arrependeu de ter feito aquilo. O problema é que ela, ao contrário de mim, não teve tempo de voltar atrás.

Apesar de determinado a me suicidar, consegui me conscientizar de que estava tomando a decisão errada. Optei por aprender a ter paciência e lutar para ser feliz, como prometi, num dia de desespero, à minha mulher e aos meus filhos, que são minha fortaleza. Hoje vejo que fiz a escolha certa.

QUEBRA DE SCRIPT

- Não se deixe intimidar diante das dificuldades: descubra a melhor maneira de contorná-las.

- Inovação, método e experimentação: não deixe de aplicar esses três fundamentos em seus projetos pessoais e profissionais.

- A verdadeira felicidade não pode ser comprada; ela precisa ser conquistada dentro de nós, não do lado de fora.

- Aprenda a focar o lado positivo das coisas, pois os problemas sempre resultam em algum tipo de benefício.

8

A OPÇÃO PELO LADO ESPIRITUAL DOS NEGÓCIOS

O ENCONTRO COM O PAPA mudou tudo em minha vida. Não só ajudou a definir o meu futuro profissional como consagrou a minha transformação espiritual. Eu estava com 43 anos e me sentia perdido, sem saber que rumo tomar. Já havia percorrido um longo caminho profissional desde que, em 1993, vendera a minha parte no Grupo Montreal para criar a minha própria empresa, e as coisas não correram como eu esperava. Cheguei a fazer algumas consultorias de planejamento e tentei enveredar pela área de eventos com a Feira da Criança, mas, novamente, os negócios não foram para a frente; pelo contrário, parecia que as coisas estavam dando marcha a ré.

Coincidentemente, eu estava de fato cada vez mais dedicado às coisas do espírito e menos ao mundo dos negócios, bem como iniciando a prática do esqui aquático, o que ocupava grande parte do meu dia. A verdade é que, ao mesmo tempo que precisava fazer algo para sustentar a família, não estava com disposição para começar nada na área empresarial.

O meu lado espiritual parecia querer ocupar mais espaço na minha vida, mas eu ainda não entendia bem como. Conversar com as pessoas, ouvir os problemas delas e trocar impressões era a única coisa, além do esqui aquático, que me dava grande prazer. Eu precisava urgentemente achar uma maneira de ganhar dinheiro sem deixar de fazer as coisas que me alegravam.

Foi nesse momento conturbado que Clara e eu fomos convidados a dar um testemunho ao papa João Paulo II, no Encontro Mundial de Famílias Católicas que aconteceu no Rio de Janeiro, em outubro de 1997. O evento teria como principal atração o testemunho de uma família de cada país, e nós representaríamos o Brasil. O convite foi tão inesperado que no início achei que era trote. Cheguei a desligar o telefone.

— Veja se isso é coisa para se brincar! — falei, irritado.

Por sorte, o pessoal da Arquidiocese do Rio de Janeiro insistiu. Mesmo assim, estranhei. Imaginem, chamar-nos para dar um testemunho ao papa! Existem milhões de famílias mais merecedoras! Eu era apenas um maluco que, de repente, teve a vida virada do avesso.

Família anfitriã

Convite aceito, começamos a ser chamados para reuniões sobre a programação da visita do papa. Falava-se de tudo, menos do tipo de testemunho que esperavam de nós.

"O que eu devo falar?", "Quanto tempo vou ter para falar?", eu perguntava a quem passasse à minha frente. Ninguém tinha as respostas de que eu precisava, e isso me deixava em agonia. Afinal, eu sabia que tudo seria muito cheio de protocolo e cerimônia.

Faltando um mês para a chegada do papa, fomos a uma reunião em que o cenógrafo Abel Gomes apresentou o projeto do altar no Maracanã. Aproveitei para perguntar onde eu iria ficar. Ele me mostrou o lugar em que as famílias se sentariam e para onde deveríamos nos dirigir na hora de dar o testemunho. Clara e eu seríamos os últimos a falar, por sermos o casal anfitrião. Perguntei se poderia ver antes o caminho por onde eu deveria passar. Abel respondeu que sim, "sem problemas".

Só no jantar de confraternização que aconteceu na semana do evento é que soube detalhes da cerimônia. Como tive a sorte de dividir a mesa com os chefes da comitiva do papa, um deles tirou um papel do bolso e me entregou, dizendo: "Isso aqui é o que você vai falar." Imediatamente, perguntei quanto tempo teria. Dois minutos. "Um minuto para você e outro para Clara."

Obviamente fiquei superpreocupado, pois aquele texto não tinha nada a ver comigo. O que fazer? Lá estava o chefe da comitiva, uma espécie de embaixador do papa, dizendo que o texto era aquele e que se eu não o falasse em um minuto teria o microfone cortado. Como não gosto de decorar nada, criei coragem para perguntar se não podia criar o meu próprio texto. O "embaixador" fez uma cara meio estranha, mas argumentei que, se ele não gostasse, eu falaria o outro sem problemas. Ele aceitou minha proposta e pediu que eu apresentasse a minha sugestão na manhã seguinte.

Fui para casa e passei a noite em claro, junto com Clara, escrevendo e cronometrando a fala. Pedi ajuda até a Deus:

— Espírito Santo, vamos fazer um acordo. Quem me botou nessa história foi você, e quando você fala comigo eu sigo sem pensar. Portanto, você deve ter algum plano. Por favor, coloque as palavras certas na minha cabeça — pedi.

Na manhã seguinte, mostrei o texto ao chefe da comitiva.

— *Va bene* — ele disse.

— Como assim? — perguntei.

Ele disse que podia ser, que não tinha problema. Que alívio. Depois dessa prova de fogo, fui ao Maracanã conferir por onde ia passar. Chovia muito. Quando cheguei ao lugar onde Abel previra que eu, Clara e meus filhos, Thomaz e Chiara, ficássemos antes de subir até o microfone, encontrei uma escadaria gigante. O cerimonial decidira que as famílias ficariam num patamar durante a cerimônia e que subiriam mais um lance de escadas para chegar ao microfone e dar o testemunho. Olhei para o Abel assustado:

— Como eu vou subir? — perguntei.

— Nossa, o que eu fiz? Esqueci que você usa cadeira de rodas. — E, no desespero, sugeriu: — Podemos te carregar.

A última coisa que eu queria era ser carregado diante do Maracanã lotado.

— Não tem jeito de fazer uma rampa lateral? — pedi.

Ele chamou então a equipe e mandou colocar em cada canto da escada um compensado para improvisar uma rampa. O problema é que ficou bastante inclinado. Como estava chovendo e tudo ficou molhado, preferi não testar naquele momento. Pedi apenas que forrassem o compensado com algum tipo de carpete e fui embora. O meu filho poderia ir atrás da cadeira e me empurrar se eu escorregasse, o que seria muito melhor do que se me carregassem.

Foi complicado, mas consegui subir. Foi emocionante ver aquele homem santo na minha frente. Ele estava sentado tão perto que dava para ver os olhos dele. Naquele momento, vi um filme diante de mim: a visão de Nossa Senhora me carregando no colo, tudo pelo que eu tinha passado...

Eu rezava para que o meu testemunho tocasse o coração das pessoas. Se pelo menos uma pessoa se sentisse tocada, já era suficiente. Clara falou primeiro, depois foi a minha vez:

> Santo Padre, até seis anos atrás eu caminhava muito bem com as minhas pernas, mas era paralítico de espírito. Tive que levar um tombo do meu cavalo e ficar paralítico das pernas para começar a caminhar com as pernas do Espírito Santo, voltado para as coisas de Deus. Hoje, graças a Deus e ao amor de minha maravilhosa esposa e de meus queridos filhos, consigo dar passos e atingir distâncias que jamais imaginei que pudesse. E, por tudo isso, somos muito mais felizes do que antes.

Ao finalizar, o papa nos chamou para um abraço. Isso significava escalar mais uma pequena rampinha radical. Nem hesitei. Subi como se estivesse dando um tiro numa corrida de 100 metros rasos. A adrenalina foi tanta que só percebi que tinha estirado os ligamentos do braço direito na manhã do dia seguinte. Fiquei um mês com alguém empurrando a minha cadeira porque eu não conseguia mexer o braço, mas valeu a pena.

O abraço deve ter demorado uns trinta segundos, mas para mim valeu uma eternidade. Lembro dos olhos dele, da voz dele, da mão dele na cabeça da Clara. Eu estava vivendo a plenitude da felicidade. Aproveitei para consagrar ao papa a promessa que havia feito à minha família, de que voltaríamos a ser felizes. Naquele momento eu entendi qual era minha missão. Era me desfazer da vida empresarial e ir para a vida espiritual ajudar os outros. É o que eu tenho feito desde então.

Transformação espiritual

O testemunho que dei ao papa foi de fato um divisor de águas em minha vida. Depois que fiquei paralítico, o meu afã materialista até havia aumentado. Cavalos, carros e relógios continuavam a vagar nos meus desejos.

Mas desde que encontrei com o papa, as coisas mudaram. Em tudo eu via a mão de Deus e buscava entender onde Ele estava querendo chegar. Passei a rezar o rosário como uma preparação para o dia. As orações me ajudam a enfrentar as situações e a ter discernimento para tomar o caminho certo. Para facilitar, gravei o rosário no meu celular, então coloco a gravação e vou rezando enquanto faço as coisas, principalmente quando me exercito na minha bicicleta ergométrica adaptada para as mãos, de frente para um santuário que montei na estante. O rosário inteiro leva 1 hora e 23 minutos.

Ir à missa virou uma rotina prazerosa, assim como a confissão e os grupos de estudo sobre as Escrituras. Já contei com a orientação espiritual de vários padres, o que me levou a frequentar várias igrejas. Atualmente, no entanto, o padre Zé Maria é o meu guia espiritual. Ele faz parte da Ordem dos Legionários de Cristo, que tem colégios e seminários, mas não tem paróquia, apenas capelas onde eles encontram seus fiéis. Eu e Clara vamos à missa numa capela na Gávea.

Padres, para mim, são como médicos de família. Eles precisam conhecer o temperamento e os pecados de cada um, bem como entender as fragilidades de todos e saber o que fazer para aquela família ficar mais forte, mais unida e ir para a frente. Quando a pessoa não gosta do padre, tem de procurar outro até achar um que a agrade.

Apesar de hoje em dia eu estar muito próximo de padre Zé Maria, logo depois da vinda do papa era padre Motinha quem ouvia as minhas confissões e que saciava o meu desejo de conhecimento.

Conforme eu estudava a Bíblia, comecei a ter vontade de refazer os passos de Cristo na Terra Santa, desde a Anunciação até a Ressurreição, para agradecer o caminho em que ele me colocou.

Refazendo os passos de Cristo

Quando comentei isso com Clara, ela descartou na hora, dizendo que aquela região está "permanentemente em guerra". Mas alguma coisa dentro de mim dizia que eu devia fazer a peregrinação para agradecer tudo de bom que tinha me acontecido. O tempo passou, e um dia padre Motinha me chamou depois da missa. Contou que na hora em que estava elevando Cristo viu uma imagem muito forte de mim em Israel. Fiquei arrepiado. Era o sinal que faltava.

Convidei padre Motinha para nos acompanhar. Primeiro porque eu não tinha cultura teológica suficiente para aproveitar bem a viagem, e segundo porque gostaria que ele rezasse a missa nos lugares mais importantes por onde Cristo havia passado.

Viajamos em julho de 1994, depois que o Brasil ganhou a Copa do Mundo de Futebol, nos Estados Unidos. Aluguei um carro com motorista, e fomos a todas as cidades citadas no Novo Testamento. No caminho, passamos por umas três barricadas de soldados que nos pararam para verificar os documentos, com o fuzil apontado em nossa direção.

Graças a Deus nada aconteceu. Eles verificavam os passaportes e nem olhavam para ninguém. Queriam ver se éramos civis e se o carro tinha alguma coisa suspeita. Não teve nenhuma ameaça que pudesse nos assustar. Um dos grandes problemas daquela região é que três religiões nasceram no mesmo lugar: o judaísmo, o catolicismo e o islamismo. E, se um lugar é sagrado para um católico, pode não ser para um judeu ou para um muçulmano. E vice-versa. É interessante porque, apesar disso, as três religiões convivem em harmonia nesses locais sagrados. Podem ser inimigos mortais, mas ali dentro isso não importa.

Existem dúvidas sobre alguns pontos e se Cristo realmente passou por ali, então é preciso conhecer bem a história para saber aonde ir. O local onde a cruz de Cristo foi colocada, por exemplo, é um lugar sagrado para os católicos e para os judeus. Eles chamam de Calvário por causa do formato de caveira da montanha. Era como a cabeça de um esqueleto, mas não dá mais para ver isso porque o lugar em que colocaram a cruz sofreu um tremor, e a rocha fendeu-se no momento em que Jesus deu o Seu último suspiro. Uma Basílica foi então erguida em cima dessa pedra, e o buraco da cruz continua lá, envolvido por uma proteção de vidro. Há uma série de sensores no local para monitorar qualquer acomodação de terra, porém o solo nunca mais se mexeu. Mesmo assim, mantém-se o local protegido como uma prova do milagre.

Já onde o corpo de Cristo foi colocado depois de retirado da Cruz é uma questão controversa. Existem três locais possíveis, e a dúvida existe porque o próprio Cristo falou que não ia sobrar pedra sobre pedra de Jerusalém. Como a cidade foi tomada e retomada milhares de vezes, perderam-se referências muito importantes.

Em Nazaré há um poço d'água considerado sagrado pelas três religiões. E a razão é simples: é a única fonte de água em um lugar deserto. Ponto de encontro de caravanas, todo mundo parava ali para beber água. Cristo parou para beber água ali, os judeus pararam, todo mundo parou. Existe um consenso entre as três religiões que permite a proteção daquele ponto.

A parte que eu estava mais ansioso para percorrer eram as 12 estações da Via Sacra, desde o flagelo até o monte Calvário. Esse caminho eu queria fazer por minha conta, apesar dos mais de mil degraus da Basílica até o lugar onde Cristo foi crucificado. Só que, além de sinuoso e cheio de degraus, o percurso é em grande parte tomado pelo comércio árabe, o que cria uma dificuldade extra na hora de identificar um marco na parede, por exemplo. É um trecho realmente complicado, então acabei precisando da ajuda de todo mundo, padre Motinha, Clara, Thomaz e até da Chiara. Mas na medida do possível eu tentei subir e descer os degraus sozinho.

Como eu sabia que seria um percurso muito acidentado, usei uma luva nova cuja parte interna era de couro rígido. Em geral uma luva dura um mês, dependendo de quanto me locomovo pelas ruas, mas aquela terminou a Via Sacra toda rasgada. Já tinha jogado fora quando me dei conta de que ela se tornara uma relíquia. Afinal, tocara em todos os lugares que Cristo passou em seu caminho para o monte Calvário, além de todos os outros que visitamos. Ao perceber sua importância, decidi colocá-la em um envelope plástico e guardá-la no santuário que tenho na minha sala de ginástica. Fiz também um álbum com fotos e textos explicando quais eram os locais e o que cada um representou para mim. No local em que Cristo rezou o pai-nosso pela primeira vez, por exemplo, relatei a emoção de estar de frente para o mar da Galileia, vendo a cidade de Tiberias na outra margem. Não importava se Cristo esteve um metro mais para lá ou mais para cá, o fato é que, tirando as construções modernas, pude ter a mesma visão que Cristo teve daquele local.

Na volta para o Brasil, paramos na Itália e fomos a Assis. Na saída da Basílica, aconteceu algo muito estranho. Meu filho e o padre Motinha estavam segurando a cadeira e descendo a escada que dá acesso ao túmulo de Santa Clara, cujo corpo está intacto. No caminho de volta, senti que uma pessoa tinha colocado alguma coisa no meu pescoço, me dado um beijo na testa e ido embora. Estava tão concentrado em me segurar para não cair e tudo aconteceu tão rápido que não prestei atenção.

Quando cheguei lá fora, vi que trazia no pescoço um terço feito com o mesmo tecido usado para fazer a túnica de São Francisco. Perguntei se alguém tinha visto a pessoa que me dera aquele terço. Não, ninguém tinha percebido nada nem ninguém diferente perto de mim.

— Thomaz, acho que não é preciso dizer o que aconteceu. Foi como um agradecimento pela sua visita — disse o padre Motinha.

Missão cumprida

Então eu, que não acreditava em nada, me vi uma pessoa de fé. Enfim estava claro o objetivo da minha missão: passar para as pessoas a realidade de Deus, pura e simplesmente. Decidi que a minha vida de empresário tinha terminado e que dali para a frente todas as minhas atividades seriam voltadas para as coisas de Deus. Se Ele já estava fazendo tanta coisa por mim, também iria me ajudar a pagar as contas no final do mês. A loja de artigos religiosos vingou e passou a cobrir as nossas despesas.

Entre a decisão de abrir a loja e a concretização do projeto, no entanto, passou-se algum tempo. Para começar, eu não queria nada convencional, por isso comecei a perguntar, a me informar e a aprender a montar o negócio do jeito que eu achava que devia ser. Fui desenvolvendo o projeto, fazendo simulações e experimentando as ideias. Conforme a experiência mostrava que uma coisa funcionava melhor ou pior do que a outra, eu ia modificando o meu projeto original.

Eu precisava sentir o resultado de minhas decisões, até para poder confiar nos conselhos das pessoas, como aconteceu no caso das joias com motivos religiosos. Apesar de o ourives ter feito algumas recomendações a respeito de determinado desenho, fiz do jeito que eu achava que deveria. Eu precisava ter convicção daquilo que estava encomendando. Só quando eu me sentisse seguro a respeito da mercadoria é que eu poderia delegar a responsabilidade pela confecção da joia.

É por isso que acho complicado quando as empresas contratam executivos sem experiência específica no negócio. É como contratar um profissional que foi presidente de uma montadora de automóveis para ser presidente de uma empresa de alimentos. Evidentemente que os executivos dessas grandes companhias têm MBA e doutorados que os habilitam a sair mexendo em qualquer tipo de negócio, mas ainda assim não acredito que o façam com segurança, pois não sabem exatamente como funciona aquele processo específico. Uma coisa já está provada: quanto maior o conhecimento do processo, menor o risco.

Benchmarking

Quando decidi abrir o meu próprio negócio, busquei inspiração nas minhas experiências empresariais, nas histórias vivenciadas por amigos e parceiros de negócios e também nos exemplos conhecidos de maestria e liderança empresarial. Nesse trabalho de comparação, tive a oportunidade de avaliar a minha própria atuação e as práticas operacionais que usei em relação ao desempenho e às ações aprovadas pelo mercado. Isso permitiu que eu incorporasse apenas os fundamentos relevantes.

Nesse longo processo de descoberta, de experimentação e de aprendizagem, pude ainda fazer ajustes, adaptações e aprimoramentos das minhas ideias originais, sempre buscando adicionar propostas inovadoras e procedimentos mais eficientes. Apliquei esse método tanto em relação à criação da Agnus Dei como aos desenvolvimentos tecnológicos que propiciaram maior competitividade à minha prática do esqui aquático.

O melhor do benchmarking é que ele me ajuda a estabelecer metas e ainda por cima tem um importante efeito motivacional, pois me obriga a me manter constantemente atualizado.

O que aprendi, por exemplo, com Jorge Carneiro, sócio-presidente da Ediouro desde 1992, foi que o ideal é transformar o que nos dá prazer em um negócio. Não esqueço a frase que ele me disse num dia quente de verão em Itaipava, quando lhe perguntei como conseguia ficar lendo enquanto todo mundo se divertia na piscina.

— Thomaz, eu gosto mais de ler do que de qualquer outra coisa, até mesmo montar a cavalo — ele disse.

Não é à toa que a empresa fundada em 1939 pela família Carneiro, tendo como base revistas de passatempos e palavras cruzadas, tenha se transformado num dos maiores conglomerados editoriais brasileiros, com um catálogo de mais de 5 mil livros. Pode-se falar na Ediouro de antes e de depois do Jorge, porque até então ela era conhecida basicamente pelas revistas de passatempos e pela gráfica. A grande sacada dele foi unir o melhor dos dois mundos, mantendo o lado industrial e dando à empresa, ao mesmo tempo, um upgrade intelectual.

A paixão é um bom negócio

O banqueiro Aloysio Faria, atual dono do Grupo Alfa, é outro exemplo de como transformar uma paixão em um bom negócio. Médico formado pela Universidade Federal de Minas Gerais e pós-graduado na Northwestern University, de Chicago, ele abandonou a medicina para assumir o Banco Real após a morte do seu pai na década de 1940. De lá para cá, transformou a pequena casa bancária num conglomerado diversificado, em que negócios tão diferentes entre si quanto uma rede de hotéis e uma fábrica de sorvetes mostram que o importante é gostar do que se faz.

Certa vez encontrei o dr. Aloysio na casa de meu sogro em São Paulo e, como ambos adoramos sorvete, logo estávamos conversando sobre o que o tinha motivado a criar os sorvetes La Basque, em 1980. Tudo começou porque ele não encontrava no mercado brasileiro nenhum sorvete de que gostasse. No início, ele queria apenas fabricar para o próprio consumo. Como sua inspiração foi a marca americana Howard Johnson, pioneira na criação de sabores diferentes, ele contratou um técnico norte-americano para criar o projeto de uma fábrica de sorvetes de altíssima qualidade. A ideia era que, mesmo industrializado, o produto conservasse as características artesanais de um sorvete superpremium.

Só que em vez de construir uma fábrica do zero, Aloysio decidiu comprar uma que já estivesse em funcionamento e adaptá-la às suas necessidades. Depois de muito procurar, encontrou uma sorveteria-fábrica em Campinas, cujo dono fora movido pelas mesmas razões que ele. Exatamente por isso, a fábrica não estava à venda. Foi preciso insistir muito para que o sujeito acabasse aceitando a proposta. Nos primeiros anos, a produção era distribuída apenas entre os membros da família Faria e alguns amigos, mas uma das filhas do Aloysio sugeriu lançar o sorvete comercialmente. Ele foi contra. Tinha receio de aumentar a escala da produção e perder a qualidade do sorvete, mas a filha prometeu que manteria os altos padrões de qualidade. Assim surgiu a La Basque.

Total domínio do processo

É fundamental conhecer 100% daquilo que está se propondo a fazer. Quanto mais você conhece o processo, melhor é o desenvolvimento do produto. Eu, que adoro carros, por exemplo, poderia abrir uma revendedora de automóveis que também fizesse modificações. Assim, se o cliente quisesse um espelho retrovisor eletrônico que só abrisse pelo lado de dentro e que ainda por cima tivesse uma filmadora acoplada, eu saberia dizer se esse seria ou não um pedido viável.

O truque é esse. Eu não preciso saber como a câmera é fabricada nem como a tecnologia funciona, mas sim o efeito daquela combinação e se a câmera vai ter o desempenho desejado. É preciso ter o controle total do processo, conhecer cada uma das etapas e o resultado esperado, mas não necessariamente botar a mão na massa. Foi como fez o banqueiro Aloysio Faria em relação ao sorvete La Basque. Ele sabia exatamente como as coisas deveriam acontecer e qual o resultado desejado, mas para que as coisas saíssem como o esperado não foi preciso que ele mesmo arregaçasse as mangas e aprendesse a fazer o sorvete.

Para que um projeto profissional seja bem-sucedido é preciso encará-lo como um projeto pessoal, quase um filho. A razão é simples: você tem que amar o que está fazendo. É o que acontece comigo e o esqui aquático. Tenho verdadeira paixão por esquiar, por isso fico o tempo todo pensando em maneiras de melhorar o meu desempenho.

Rodrigo Etchenique é outro amigo que uso como exemplo de tino empresarial. Seu avô fundou a Brasmotor e seu pai foi o responsável pela transformação da empresa na Brastemp, o que significa que ele poderia ter feito uma confortável carreira na empresa da família, mas preferiu buscar o seu próprio caminho.

Depois de fazer um mestrado em Stanford, Rodrigo teve uma passagem bem-sucedida na Johnson & Johnson. Nessa época, curiosamente, o pessoal da Brastemp o convidou para trabalhar na empresa, não por ele ser herdeiro de um dos sócios-controladores, mas porque o seu trabalho na Johnson & Johnson era vital também para a Brastemp.

Com o tempo e os rumos da globalização, o pai do Rodrigo acabou se associando ao grupo americano Whirlpool e deixou de ser o acionista majoritário. Com isso, os filhos perderam um pouco a afinidade com o negócio e cada um foi em busca da sua história empresarial. Rodrigo chegou a fazer sociedade em negócios na área de telecomunicações e rastreamento, mas depois fundou a agência Synapsys, especializada em geração de conteúdo, criando um novo nicho.

O clã Trussardi

Quando o assunto é paixão pelo negócio, imediatamente me vem também à cabeça a empresa de meu sogro, a Trussardi, há mais de 110 anos nas mãos da mesma família. Fundada por Mateus Trussardi, avô do meu sogro, Romeu Trussardi, a fábrica no início produzia passamanarias, enfeites e adornos. Depois, passou a fabricar suspensórios, ligas e cintos. Na década de 1940, ampliou sua linha de produção para malas, pastas e carteiras. Nos anos 1950, o maiô passou a integrar a lista de produtos, assim como lingeries, rendas e bordados. Quando as fábricas pegaram fogo, nos anos 1960, a família perdeu tudo do dia para a noite.

Como meu sogro tinha acompanhado toda a evolução da empresa e conhecia os processos, conseguiu reerguer o negócio que hoje é especializado no setor de cama, mesa e banho. Os filhos homens de Romeu (Romeu Jr., Rodrigo e Rodolfo) também foram iniciados no negócio. O Romeu se apaixonou principalmente pela área de vendas. Daí para montar a primeira loja Trousseau foi um pulo. Deu tão certo que tem gente que acha que seu sobrenome é Trousseau, não Trussardi.

O Rodrigo chegou a trabalhar na fábrica, mas seu foco sempre foi moda. Lembro que ele viajava para a Europa e voltava com a mala cheia de camisas, calças e sapatos que usava para pesquisar e aprender. Ele tem muito bom gosto e se uniu à irmã Riccy para criar a Mixed. Como Rodrigo tem mais perfil de estilista e a Riccy de administradora, a Mixed cresceu e apareceu, mas o Rodrigo resolveu fazer carreira solo e hoje tem a sua própria marca — Super Suite Seventy Seven —, que possui uma loja própria no Shopping Iguatemi, em São Paulo, e é sucesso em lojas de vários países.

A história dos Trussardi me ensinou muito a respeito de como tocar um negócio. O Romeu me ajudou a entender o universo do varejo. Ele conhece o comportamento do consumidor, o movimento de estoque de loja, o tipo de tecido e os fabricantes, enfim, ele tem absoluto controle do processo e, exatamente por isso, tem capacidade de definir como deve ser o resultado.

QUEBRA DE SCRIPT

- Para ter sucesso, a pessoa tem que conhecer 100% daquilo que está se propondo a fazer.

- Quanto maior o seu conhecimento do negócio, menor o seu risco.

- Não hesite em buscar inspiração nas histórias vivenciadas por amigos e parceiros de negócios, assim como nos exemplos conhecidos de maestria e liderança empresarial.

- O melhor do benchmarking é que ele ajuda a estabelecer metas e ainda por cima tem um importante efeito motivacional, obrigando os executivos a se manterem constantemente atualizados.

- Transforme sua obsessão por descobrir novas maneiras de melhorar o desempenho em uma vantagem competitiva.

- O gestor ideal sabe a hora certa de delegar responsabilidades, para poder exigir resultados sem perder o controle de todo o processo.

- Você tem que amar o que faz e conhecer cada uma das etapas do processo de trabalho, bem como o resultado esperado, mas não precisa necessariamente botar a mão na massa.

9

O ESPORTE COMO PROVA DE SUPERAÇÃO

SEMPRE FUI MUITO ligado em esportes. Depois que fiquei paralítico passei a fazer ginástica com peso para trabalhar determinadas musculaturas, de modo a ficar independente e poder me virar sozinho. Mas era nítido que faltava alguma coisa — afinal, desde criança eu gostava de praticar esportes, como natação, mergulho, hipismo, corrida, tênis, jiu-jítsu e caratê, mas o único a que realmente me dediquei para competir foi o hipismo, na modalidade saltos.

Com o esqui aquático as coisas aconteceram de forma diferente. Ele surgiu na minha vida como um prazer e um hobby. A questão é que evoluí rapidamente e, de repente, me vi num campeonato e ganhando medalha. Aí não deu para segurar: virou paixão e estilo de vida.

Tudo começou com os repetidos convites feitos pelos amigos Paulo Salles e Rodrigo Etchenique para viajar com eles para esquiar. Rodrigo e eu costumávamos viajar juntos quando éramos solteiros para esquiar na neve. Chegamos, inclusive, a passar os invernos de 1973 e 1974 na cidadezinha de Mont Gabriel, a 40 quilômetros de Montreal.

Desde então nunca mais esquiei, mas Rodrigo continuou a frequentar as estações de inverno na companhia de Paulo, os dois com suas respectivas esposas. Como eles começaram a ver deficientes físicos se saindo muito bem nas montanhas, queriam que eu também experimentasse. Eles não se conformavam em me ver fazendo só ginástica. Achavam que eu tinha de voltar a praticar algum esporte e a competir. Não estava no meu sangue ficar só me exercitando na academia, eles diziam. Eu desconversava porque queria evitar a frustração de ter de esperar o ano inteiro para curtir uma semana na neve, no máximo duas. Além do mais, não sabia se teria dinheiro para pagar uma viagem desse tipo todo ano, e não fazia sentido ter tantas restrições para começar algo que deveria ser prazeroso.

Um dia, depois de recusar mais um convite, disse aos dois em tom de brincadeira que, se eles queriam tanto que eu esquiasse, era melhor me convidar para esquiar na água, não na neve. Foi uma surpresa pra eles, que até então não sabiam que existia esqui aquático para deficientes físicos. Contei-lhes que não tinha experimentado, mas que o Shepherd Center havia me apresentado o esqui como uma das modalidades esportivas possíveis para o meu tipo de lesão. Na época até fiquei entusiasmado, mas logo desisti. Optei por continuar na minha ginástica em casa e na rua, pois para esquiar eu teria que ir até um lago com a infraestrutura necessária, e isso não existia aqui no Brasil. Eu tinha tantas coisas para aprender que acabei deixando a ideia de lado.

Mas o pessoal da clínica dissera que se um dia eu quisesse fazer uma experiência bastava entrar em contato com eles. Numa das vezes que voltei para fazer uma reciclagem, conheci o esquiador Bill Furbish, que teve uma lesão cervical incompleta. Ele mexia o braço com limitações, sendo que o movimento de pinça era uma de suas principais dificuldades. Mas mesmo assim ele conseguiu inventar um jeito de segurar o manete e hoje compete sem problemas. É sensacional ver.

Infelizmente Bill não estava podendo esquiar porque tinha se machucado. Mas me mostrou o esqui e deixou que eu sentasse para ter a sensação e entender mais ou menos como a coisa funcionava. O esqui para paraplégicos é dividido em três categorias, de acordo com o nível de lesão, não por idade. Há atletas com lesões cervicais, torácicas e lombares. Achei tudo muito interessante, mas não quis seguir adiante.

Presente de Bodas de Prata

O tempo passou, e quando Clara e eu fizemos Bodas de Prata esses dois amigos anunciaram que nos dariam de presente uma viagem de uma semana a uma estação de esqui. Só estavam esperando que disséssemos a data mais adequada. Fiquei na maior saia justa: como escapar dessa situação sem magoar ninguém? Eu não queria ir porque tinha certeza de que ia adorar, e não valia a pena me entusiasmar por um esporte que dependia de tantas variáveis para ser praticado.

Fui sincero e disse que, se eles queriam mesmo que eu esquiasse, era melhor me dar um esqui aquático. Para esquiar na neve precisaria esperar pelo inverno e ainda por cima viajar para um país que tivesse neve, enquanto para esquiar na água bastava ter uma lagoa por perto, já que clima bom o Brasil tem o ano inteiro. Na verdade falei isso para ver se eles desistiam, mas não é que uma semana depois me avisaram que o esqui tinha chegado? Eles ligaram para a clínica Shepherd, verificaram se eu tinha condições físicas para o esporte e encomendaram o esqui.

Combinei então de ir no final de semana para a fazenda do Paulo no interior paulista, onde há uma represa. Fiquei eufórico como uma criança. Abracei o esqui e cheguei a brincar com a Clara dizendo que ela teria de dormir no chão porque quem ia dormir comigo era o esqui. Felizes, Paulo e Rodrigo disseram que haviam atingido o seu objetivo.

— Você fazia ginástica para ficar independente, mas era nítido que faltava alguma coisa. A gente sentia falta de ver a expressão de alegria no seu rosto. Agora os seus olhos estão com outro brilho — eles disseram.

Então chegou a hora de saber o que fazer com aquele esqui. Os dois foram bem diretos:

— A gente trouxe o esqui, o resto é com você — disseram.

Eles sabiam que eu ia dar um jeito de "fazer chover". Na mesma hora coloquei o vídeo que veio junto com o esqui para ter uma noção de como funcionava e por onde deveria iniciar. Por mais absurdo que fosse começar um esporte do zero aos 50 anos e em tão precárias condições (sem treinador e sendo o único no Brasil), peguei aquela onda e decidi ir até o fim.

Nos Estados Unidos, um deficiente físico que nunca esquiou na vida pode escolher entre vários métodos de aprendizado. O mais comum é o esqui com dois apoios laterais (como bicicleta de criança com duas rodinhas extras), que permite que o barco saia rebocando e você consiga levantar logo no primeiro dia, com um esquiador de cada lado segurando os seus braços.

É claro que aos poucos os dois esquiadores vão deixando você se equilibrar sozinho e os tombos são inevitáveis, mas é um grande incentivo já poder dar uma deslizada na primeira tentativa. Como eu não tinha nada disso à disposição, precisei usar a imaginação. As primeiras tentativas foram filmadas e são engraçadíssimas. O primeiro passo foi entrar na água com o esqui para saber como eu me equilibraria. Na realidade, flutuar é uma das poucas atividades que me relaxam. Na primeira experiência que tive em uma piscina, usei um salva-vidas para evitar engolir água e contei com a ajuda de duas pessoas, que me tiraram da cadeira e me ajudaram a flutuar.

Essa experiência mostrou ainda que o meu corpo dentro d'água é uma verdadeira bagunça: perna para um lado, quadril para o outro. Só consigo equilibrar os meus braços, o meu ombro e a cabeça, sobre o resto não tenho o menor controle.

No caso do esqui, entrei na piscina para descobrir como me encaixar no assento, verificar se o meu quadril entrava naquele espaço e testar meu equilíbrio dentro d'água sentado no esqui. Era uma operação bastante complicada, para a qual contei com a ajuda de meus amigos. Depois de algumas tentativas, comecei a me equilibrar. Estava na hora de testar na represa.

Como Paulo e Rodrigo sabiam esquiar, eles me seguraram pelos braços, cada um de um lado, e saímos os três juntos. Senti-me relativamente estável com os dois me segurando, mas assim que a lancha acelerava, cada um caía para um lado e eu não conseguia sair da água. Ficamos durante seis horas tentando no primeiro dia. No dia seguinte, mais seis horas, e aí acabou o fim de semana.

Cenas de videocassetada

Como sou meio obsessivo, combinamos de tentar novamente no fim de semana seguinte. O resultado foi o mesmo, ou seja, mais cenas de videocassetada. Até consegui dar uma levantadinha, mas muito rapidamente. Mal levantei, já embiquei para a esquerda e caí.

Percebi que ia ter que arranjar outra maneira de aprender a esquiar. Não dava para ficar viajando todo fim de semana para São Paulo, e, definitivamente, não era legal obrigar os meus amigos a passarem horas dentro d'água me ajudando.

Liguei para o Paulo, o dono da casa, e agradeci muito a disponibilidade dele, mas avisei que gostaria de trazer o esqui para o Rio de Janeiro.

— Lógico, pode levar. Quero apenas que você me ligue para avisar que está esquiando — ele disse.

Com o esqui já no Rio, lembrei-me de outro amigo que gostava de esquiar e tinha uma fazenda com um lago. Quando ele soube da história, disse para ficar à vontade. Fui para a casa dele, e as mesmas cenas de comédia pastelão se repetiram.

Então virou uma questão de honra. Eu queria muito esquiar, mas percebi que não podia depender do convite de algum dono de lancha e casa com lago. Eu já sabia que tinha gente que esquiava na lagoa Rodrigo de Freitas, mas, para mim, ela não passava de um vaso sanitário ao ar livre.

Na época em que montava, achava que a lagoa era um desperdício de espaço e que devia ser aterrada para dar lugar a quadras esportivas e estádios. Mas meu filho vivia dizendo que tinha um amigo que esquiava na lagoa e poderia me dar umas dicas. Eu rebatia falando que ele estava maluco e que eu não entraria naquela água nem amarrado. Mas um dia acabei me rendendo. Sim, eu topava falar com o amigo dele. Meu filho me deu então o telefone do cara que hoje é o meu treinador, o belga Greg Stassen. O Greg é aquele tipo de pessoa que tem a capacidade de entender e dizer como fazer as coisas em pouco tempo. Pelo que já vi nos mundiais de que participei, pode até ter alguém com a mesma competência, mas melhor que ele acho muito difícil.

Greg, no início, confessou não saber o que falar para um paraplégico, mas assim que entrei na água ele teve a ideia de botar uma barra na lateral da lancha. Essa barra é usada para a pessoa aprender a solar, isto é, esquiar sem esqui. A ideia é ficar segurando na barra com o corpo dentro d'água até o momento de se levantar, sempre segurando na barra. Foi assim que tudo começou, com ideias que só quem tem o *feeling* do esporte consegue ter. Não por acaso consegui flutuar na primeira saída com Greg. Não cheguei bem a sair da água, o esqui logo virou e tive que largar, mas consegui flutuar.

Combinei com Greg um esquema que deu certo. Primeiro passo: sair de dentro d'água. Segundo passo: segurar na barra, depois no cabo e depois no manete. Terceiro passo: esquiar com o cabo lá atrás.

O desafio de sair de dentro da água

Apesar da intensa dedicação, demorei mais de dois meses e meio para sair pela primeira vez de dentro d'água sem a ajuda de ninguém. Para que eu aprendesse a segurar no cabo, Greg o amarrava na barra e saía com a lancha, inicialmente usando um extensão curta (cerca de 30 centímetros). Aos poucos consegui soltar a barra e segurar o cabo. Depois, comecei a prolongar o cabo aos poucos até que ele atingisse a distância normal.

Como fiz isso? A barra que fica dentro da lancha é presa no mastro, onde também se amarra o cabo do esquiador. Coloquei uma roldana na ponta da barra, para passar o cabo e amarrar. À medida que a lancha andava e a outra pessoa soltava o cabo aos pouquinhos, eu ia me afastando até ficar atrás da lancha.

No começo, só dava para me levantar com a ajuda da barra. Para começar a pegar o cabo, ele tinha de estar curtinho e perto da barra, para que eu fosse soltando aos poucos. O cabo geralmente tem cerca de vinte metros. Numa competição, ele começa com 18,5 metros e depois vai encurtando. Mas o meu não precisava disso, podia ser comprido porque era pura diversão.

Contei com a ajuda de Greg em todo esse processo de tentativas e erros. Foi um grande aprendizado para nós, e principalmente para mim, pois consegui entender e sentir como superar as dificuldades. Como resultado, um rapaz, ao me ver esquiando na lagoa, pediu para experimentar e já no segundo dia conseguiu sair sozinho da água sem ajuda de ninguém.

Para que eu atingisse tal objetivo foi preciso ter alguém atrás de mim, me equilibrando. Greg pediu ao Carlos, mais conhecido como Tio Sam, que é instrutor de mergulho com garrafas, para participar desse desafio. Ele botava até roupa de borracha para aguentar as horas e horas de tentativas, pois a água da lagoa em junho, julho e agosto é fria, e chove muito. Nos três primeiros dias, nada aconteceu, mas no quarto dia já foi possível levantar e esquiar. É claro que, quando eu parava, precisava que alguém me equilibrasse.

A última etapa do processo foi levantar da água e esquiar sem ninguém atrás. Foram dois meses e meio de tentativas até conseguir levantar pela primeira vez. Se eu tivesse ido para os Estados Unidos teria saído da água no mesmo dia, mas aqui foi tudo feito na base da improvisação.

Quando comecei a me sentir confiante, tratei de me informar sobre o que existia em termos de competição no mundo. E foi assim que encontrei o World Disabled Water Ski Championship. Não sabia quando nem em que condições, mas sabia que ia participar daquilo. Greg dizia que fazer uma pista era completamente diferente daquilo que eu fazia nos treinos.

— Não pensa que você vai entrar na pista e brincar de ficar passando de um lado para o outro. No campeonato é tudo muito técnico. É diferente do que a gente faz aqui, quando rodo com a lancha e você se diverte. Competir é uma coisa completamente diferente, é velocidade, é adrenalina — explicou.

— Não tem problema, eu quero — retruquei.

Greg entende de esqui como poucas pessoas no mundo, mas de vez em quando temos opiniões divergentes a respeito do treino ou da técnica. Em um desses embates, liguei para o Bill Furbish e pedi a sua opinião. Ele alegou que só me vendo treinar poderia falar alguma coisa e sugeriu que eu fosse vê-lo no verão. Como aqui é sempre verão (pelo menos para eles), aproveitei e o convidei a vir ao Brasil. Falei para ele trazer sua mulher e ofereci hospedagem na minha casa.

O ponto em discussão era como eu deveria me comportar na pista e qual técnica deveria usar para cruzar de um lado para o outro, passando pelas boias. Quando o americano chegou e viu minha técnica, concordou comigo:

— É isso mesmo. A questão agora é ter paciência e ficar treinando, treinando até chegar a hora em que o Greg, com sua experiência, decidir que você pode treinar pista — afirmou.

> ## O que é a competição
>
> O percurso, numa competição de esqui aquático na modalidade slalom, é chamado de pista porque tem um portão de entrada e de saída, e seis boias que precisam ser contornadas (as boias 1, 3 e 5 ficam do lado direito e as 2, 4 e 6, do lado esquerdo). O atleta precisa passar pelo portão de entrada e começar a contornar a boia 1 por fora, depois cruzar para fazer o mesmo pela boia 2, e assim sucessivamente. Depois que contornar a boia 6 é obrigado a passar pelo portão de saída — a gente chama isso de fechar a pista ou passada.
>
> À medida que o competidor vai fechando as pistas, no final tem que passar pelo portão de saída novamente. A dificuldade cresce de acordo com a velocidade, que vai aumentando a cada 3 quilômetros, sendo a mínima de 31km/h e a máxima de 58km/h. A partir daí, a lancha não aumenta a velocidade, porém começa a diminuir o comprimento do cabo em tamanhos preestabelecidos, aumentando assim o nível de dificuldade da prova.

Furbish avisou que o processo seria longo. Segundo ele, depois de fazer uma boia pela primeira vez, demoraria a conseguir completar duas boias, depois três, e assim sucessivamente até completar a pista, que é formada por seis boias. Não dava para prever o tempo que isso levaria, até porque dependia da intensidade do meu treinamento.

Na minha categoria, que é de atletas com lesão entre a T2 e a T12, sou o pior fisicamente, pois a minha lesão é T3-T4 e as lesões dos outros atletas são entre a T6 e a T12. Ou seja, eles têm muito mais movimento e equilíbrio, pois de uma vértebra para outra a diferença é enorme. Por ser alta, minha lesão acarretou ainda a perda de 30% da minha capacidade pulmonar, o que no início me atrapalhou um pouco. Aos poucos consegui desenvolver o suficiente da outra parte para compensar.

Apostando na disciplina

Comecei a treinar para fazer pista. Percebi que ia dar trabalho, mas não seria impossível. Decidi pensar com a cabeça de empresário, ou seja, criar uma visão e ter disciplina, dedicação e foco para realizar o seu objetivo, sem esquecer de fazer um levantamento de tudo o que é necessário para chegar lá.

Um dos maiores problemas nas empresas é a falta de disciplina operacional mas, por sorte, essa é uma de minhas especialidades. Sou fanático por planejamento, pois aprendi na prática que é o planejamento que nos permite implementar os projetos, controlá-los, melhorá-los e, finalmente, realizá-los.

Aí aconteceu uma daquelas coincidências que, como diz minha sogra, são providências divinas. Como sou *habitué* da cabine de cinema que o meu cunhado Luiz Severiano Ribeiro tem em casa, encontrei com o Carlos Arthur Nuzman, presidente do COB, no cineminha de final de semana. Contei que estava adorando esquiar e que estava até pensando em competir, mas que o mundial de esqui para deficientes físicos só acontece de dois em dois anos, e o próximo campeonato era naquele ano. Ou seja, não daria tempo para me preparar e participar.

Ele me disse que eu estava enganado, que dava sim. Retruquei que tinha começado naquele ano e que não teria chance alguma. Se fosse no ano seguinte, até daria. Ele insistiu para que eu me inscrevesse e explicou a importância de participar mesmo sem a possibilidade de trazer uma medalha.

— Foi assim que fizemos com todos os esportes em que o Brasil não tinha tradição. Começamos a ir, mesmo sabendo que o começo seria difícil. Dessa forma os atletas foram evoluindo, e aos poucos conseguimos nos posicionar — argumentou.

Como eu tinha partido do zero e já havia atingido um nível razoável num país que nem sabe que existe um campeonato de esqui aquático para deficientes físicos, Nuzman estava seguro de que eu devia aproveitar a oportunidade. Nem que fosse para mostrar às pessoas que existe um atleta dessa modalidade na América do Sul.

O discurso quase me convenceu, mas o problema é que detesto fazer papelão. Fiquei logo imaginando como seria se eu capotasse logo depois de passar pelo portão e pela primeira boia. Com que cara eu ia voltar para casa? Se decidisse participar, teria de ter ao menos a certeza de que não chegaria em último lugar. Essa conversa aconteceu em março e o campeonato era em setembro. Fiz um trato com Nuzman: eu ia treinar duro e, se até julho estivesse começando a fechar alguma pista, eu viajaria. Caso contrário, não ia ter confiança para competir.

Sei que o espírito esportivo diz que o importante é competir, mas fazer o que se esse não é o meu estilo? Não consigo participar por participar.

Greg contou que demorou mais de um ano para fechar a primeira pista. Já eu fechei minha primeira pista com muito menos tempo de treino. Então, decidi me inscrever no World Disabled Water Ski Championship de 2005.

A primeira medalha de bronze

O campeonato foi em Schoten, na Bélgica, e a minha categoria tinha oito competidores, contando comigo. Minha euforia não era tanto pela competição em si, mas pela expectativa de ver o que os outros estavam fazendo. Eu tinha muitas ideias na cabeça e estava louco para ver se elas funcionariam ou não.

Estava ansioso para conferir os formatos de quilha e de assento, queria aprender vendo o que os outros países faziam. Sentia-me como se estivesse indo para a Nasa, mas logo que cheguei e vi atleta com esqui remendado, foi como se tivessem me jogado um balde de água fria. Custei a acreditar que tudo lá também era feito na base do improviso, sem muita técnica.

É claro que alguns detalhes dos equipamentos e determinadas manobras me foram úteis, mas a decepção foi grande. Na realidade, não havia grandes novidades. De qualquer forma, esse desapontamento serviu para eu aceitar que não tinha nada a aprender com os estrangeiros. Se quisesse fazer a diferença, teria de fazer isso por minha conta e risco. Estímulo eu já tinha: na primeira competição que participei, ganhei medalha de bronze.

Antes de me entregarem a medalha, o presidente da Federação Internacional de Esqui Aquático anunciou que era a primeira vez que eles superavam o número de 15 países participantes. África do Sul e Brasil competiram pela primeira vez — e o Brasil já saiu com medalha. Isso me fez perceber que a minha vitória pessoal e esportiva servia de exemplo para muita gente. Nuzman tinha razão.

A segunda medalha de bronze

Na Austrália, enfrentei dez competidores na minha categoria, mas o verdadeiro desafio começou bem antes: na viagem. O World Disabled Water Ski Championship de 2007 foi disputado em Townsville, uma pequena cidade no norte da Austrália, e chegar lá foi uma verdadeira aventura.

Foram mais de 36 horas subindo e descendo de aviões, fazendo conexões e mudando de aeroporto. O roteiro foi um massacre: Rio-São Paulo, São Paulo-Santiago, Santiago-Auckland (Nova Zelândia), Auckland-Sydney (Austrália), Sydney-Brisbane e, enfim, Brisbane-Townsville.

Nuzman recomendou que eu parasse em Santiago e em Auckland, mas preferi ir direto. Fiz um planejamento detalhado para poder ficar 36 horas no ar, prevendo exercícios para evitar problemas de circulação e refeições preparadas sob orientação de minha nutricionista. O maior desafio mesmo foi lidar com o banheiro dos aviões. Os fabricantes botam o símbolo de cadeira de rodas na porta do banheiro mas a verdade é que não há espaço suficiente para a cadeira. Geralmente ela entra um pouco mas não consegue chegar perto do vaso sanitário, pelo menos não o suficiente para que a gente use de maneira satisfatória.

Viagem de avião para mim é sempre um desespero. Quando já estou dentro da aeronave, tudo bem, mas a logística que envolve o embarque e o desembarque é um verdadeiro pesadelo. No trecho Rio-São Paulo-Santiago não precisei trocar de avião, mas dali em diante foi conexão atrás de conexão. Preparei-me psicologicamente para não me estressar. Só em Auckland é que fiquei meio ansioso e preocupado, porque precisei ir ao banheiro e a escala era muito curta. Quase não deu tempo.

As equipes dos Estados Unidos e Canadá chegaram um mês antes. Eu não tinha condição para isso, então adotei a estratégia oposta, muito usada no hipismo. O cavalo geralmente chega para o concurso em cima da hora. Se chegar com muita antecedência, há uma queda de rendimento grande. Como o primeiro treino oficial do World Disabled Water Ski Championship era na quarta-feira, decidi chegar domingo para poder descansar um dia, no segundo ver onde podia deixar o equipamento e no terceiro começar a treinar. Eu sabia que precisava driblar o cansaço, a ansiedade, a expectativa e a queda no condicionamento físico. Depois de 36 horas de viagem, podia chegar arrebentado fisicamente e ter um péssimo desempenho ou me superar, competir e voltar premiado. Deu segunda opção na cabeça.

A princípio considerei sorte de principiante a conquista da medalha de bronze na Bélgica, mas, quando repeti o pódio na Austrália, vi que tinha condições de tentar a prata e, com sorte, talvez até o ouro. É como dizia o Comendador, como era conhecido o pai de Emerson Fittipaldi, quando lhe perguntavam o que um piloto precisava fazer para ser campeão.

— Ele precisa de três coisas: ter sorte, ter muita sorte e ter sorte exageradamente. Se não tiver essas três qualidades, não será campeão mundial — ele dizia.

É a mais pura verdade. Basta ver o caso do Rubinho Barrichello, sempre às voltas com algum empecilho, e comparar com as carreiras de Ayrton Senna, Nelson Piquet, Michael Schumacher ou Alan Prost. Todos tiveram o seu momento de sorte. Porque eu não poderia ter o meu?

No campeonato da Bélgica, em 2005, o primeiro e o segundo lugar foram conquistados por esquiadores americanos. No da Austrália, o campeão foi um australiano e o vice, um canadense. Embora favoritos, os dois americanos não subiram ao pódio, sendo que o antigo campeão ficou em último lugar porque fez uma manobra errada e perdeu a boia. Foi mais ou menos como ver o Schumacher derrapar na primeira curva e sair da pista. Má sorte? Pode ser, mas não esqueço nunca que a lesão dele é na T6 — três vértebras abaixo da minha, o que lhe dá uma boa vantagem no que se refere a equilíbrio, fator muito importante no esporte. Além disso, ele tem 42 anos.

A estratégia por uma medalha de prata ou de ouro

Como sou fisicamente mais limitado, mais velho e mais inexperiente, ter ficado em terceiro lugar em dois mundiais teve um sabor extra. Mas eu sei que nos campeonatos seguintes tudo volta à estaca zero. Por isso, treino no mínimo cinco dias por semana, montei uma equipe de profissionais do mais alto nível e mantenho uma disciplina rigorosa sob todos os aspectos.

Apesar de não ter a experiência, a força, a juventude ou uma lesão menos limitante, venho superando as minhas marcas graças às melhorias tecnológicas que fiz na quilha e no assento do meu esqui. Ser campeão mundial é uma tarefa difícil para mim, mas não é impossível. A única coisa impossível nessa vida é não morrer.

É preciso estar preparado para decepções e saber que nas derrotas podemos encontrar uma quantidade enorme de aprendizado. Além disso, acho que um resultado ruim me deixa com tanta raiva que é difícil me segurar. Do jeito que sou, é provável que a derrota funcione como um estímulo para daqui a dois anos estar lá novamente disputando uma medalha.

Dedicação integral e equipe de especialistas

No exterior, as pessoas com mais de 40 anos até continuam participando das competições, mas sem o compromisso de lutar pela medalha. Elas sabem que teriam que manter um ritmo puxado de treinamento e não estão mais dispostas a isso. Como eu comecei a esquiar com 50 anos, isso nunca foi um problema para mim. Desde o começo ficou claro que, se quisesse lutar por um lugar no pódio, precisaria ter dedicação integral e uma equipe para me ajudar a ter condições físicas e técnicas de melhorar meu desempenho. É como na Fórmula 1, que tem o mecânico, o projetista etc. A minha equipe é formada pelo Greg Stassen, excelente treinador, parceiro e amigo desde o início; pela nutricionista Liza Teixeira, que me mantém com uma excelente qualidade de vida; pelo preparador físico Sérgio Fuccini, que consegue me dar um condicionamento físico que nunca tive; pela fisioterapeuta Bianca Chalom, que me dá a tranquilidade de saber que, se eu me quebrar, ela em pouco tempo me conserta; pelo torneiro mecânico Luciano Ioselli, responsável pela fabricação das peças de metal projetadas por mim, com acabamento e precisão excelentes; e pelo capoteiro Jair Mariani, que cuida de toda a parte de confecção, forração e proteção do meu equipamento. Para mim, é um orgulho poder ter pessoas como essas ao meu lado.

Montei esse grupo para ter certeza de que estava fazendo tudo da melhor forma possível. No que se refere aos cuidados com a parte física, sou espartano. Não como nenhum animal, seja da terra ou do mar; sempre fui muito apegado a todos eles e por isso não consigo imaginar que sejam sacrificados para minha alimentação. Sigo uma dieta rigorosa de atleta: no café da manhã, iogurte, granola e queijo de minas; almoço com grãos, legumes e verduras; lanche com vitamina feita com proteína de leite e alguma fruta; no jantar, massa feita com farinha de trigo integral acompanhada de legumes e verduras. Ao todo são seis refeições por dia com muitas frutas e nada de açúcar, fermento ou produtos industrializados. Tudo calculado e balanceado por minha nutricionista, que é superdetalhista. Para não ter erro nas quantidades, deixo os ingredientes já pesados e arrumados em potes separados, de modo que a cozinheira só precise tirar as porções e preparar.

Em termos de alimentação, a única coisa que considero sacrifício é cortar o doce. Liza até diz que posso sair uma vez ou outra da dieta, mas o problema é que se eu botar uma colher de musse na boca, vai o pote inteiro. E quando digo o pote inteiro não é modo de falar. Uma vez o Romeu, irmão da Clara, nos convidou para passar um fim de semana na casa dele em Campos de Jordão, e a sua empregada fez uma musse de coco. Gostei tanto que falei para todo mundo se servir que o resto era meu. E assim foi. O pessoal se serviu e eu acabei com o pote. A cozinheira ficou toda feliz e no dia seguinte fez outro pote de musse. Comi inteiro. Não consigo comer apenas uma taça de sorvete, por exemplo. Quando começo, só paro quando esvazio a embalagem de um litro.

Sou compulsivo assim desde criancinha. Minha avó era uma doceira de mão-cheia e eu era viciado em tudo o que ela fazia, principalmente os sorvetes e os doces à base de ovo e de coco. Eu era gordinho e vermelhinho, daí o apelido de Tomatinho (corruptela de Thomazinho) na infância. Só comecei a perder peso quando entrei para o colégio e passei a praticar esportes. Estou há um ano sem comer doce por causa dessa compulsão.

Talento para o esqui

Greg tem um talento tão grande para se desenvolver no esqui que não precisa de quase nada tecnicamente. Se você botar um pedaço de madeira no pé dele, ele sai esquiando. Há uns dois anos ele vivia reclamando que estava esquiando mal, que não conseguia nem bater a própria marca, e por isso ia parar. Dizia que estava velho, e não sabia mais o que fazer para melhorar. Foi então que um colega seu reparou no esqui que ele estava usando. Estava rachado. O que o Greg andava fazendo era equivalente a dirigir um automóvel com o chassi quebrado.

Comigo as coisas precisam ser exatamente o contrário. Como não tenho um talento natural para esquiar como Greg, a única ferramenta de que disponho para superar os meus pontos fracos é a criatividade. Eu dependo das boas ideias que tenho. Inclusive, é uma das coisas de que mais gosto de fazer hoje em dia. Fico desenvolvendo novas quilhas e novos assentos para testar e analisar sua funcionalidade e seu desempenho, sempre a partir de algo que em princípio tem uma lógica para dar certo. Já perdi muito tempo e dinheiro fazendo coisas que não funcionaram, mas até o que dá errado me ajuda a melhorar.

Da mesma forma que é necessário discernimento para não imaginar algo impossível, é preciso ter a audácia de querer experimentar. E as tentativas bem-sucedidas, obviamente, fazem a diferença.

Estou sempre com a cabeça ocupada criando um modelo de quilha ou de assento mais eficiente. Imagino, pesquiso, desenho e encomendo a peça. Eu não sei como o torneiro corta a chapa para fazer a quilha, mas sei qual é o efeito que desejo que a quilha tenha dentro d'água. Apesar de não saber fazer a peça, tenho o controle do processo porque sei do que preciso. Se vai dar certo ou não, é outra história.

Às vezes Greg fica danado da vida comigo por causa de certas mudanças que quero fazer. "Você não tem que mexer em nada", ele diz. O.k. Entendo que ele tem a experiência do esporte, mas quem está esquiando sou eu. Por mais simples que pareçam, determinadas posições ou técnicas são impossíveis para uma pessoa paralítica.

Como a minha lesão é alta (T3 e T4), não tenho equilíbrio. Aliás, é a lesão mais grave na minha categoria, o que tem um lado bom. Se eu me der mal na competição não tem tanto problema, afinal, sou mesmo o pior fisicamente. Mas se tiver um bom desempenho, a vitória fica ainda mais saborosa.

Já que não tenho a juventude de meus competidores, o tempo de que disponho para melhorar meu desempenho é menor, portanto preciso fazer alguma coisa que me dê um *handicap*. Tive essa percepção logo no primeiro campeonato. Achava que não tinha a menor chance, tanto que o meu objetivo original era ver o que estava sendo feito e aprender. Percebi que a única maneira de fazer a diferença e me tornar um dos melhores esquiadores em nível mundial na minha categoria era melhorando o meu equipamento. Se não tinha a vantagem da juventude, da força, da experiência e da lesão mais baixa, de que outra maneira eu poderia me diferenciar e turbinar o meu desempenho?

Precisava inventar alguma coisa para superar os meus principais concorrentes, daí as mais de vinte quilhas que desenvolvi até chegar ao modelo que uso atualmente. Na coleção que mantenho em meu ateliê, uma quilha tem uma passagem de água maior, a outra tem uma passagem menor, a terceira tem a passagem com um formato mais alongado, a quarta com um formato mais curvo e assim por diante. Fiz a mesma coisa com o assento de esqui até desenvolver o modelo de fibra de carbono usado hoje. Todos os competidores usam um assento de alumínio.

Qual é a importância disso para o meu objetivo de chegar ao topo do pódio? Como expliquei antes, as lesões medulares têm variações e, em função do seu nível, cada pessoa precisa de uma determinada coisa. No caso do assento do esqui, o ideal é que ele seja feito sob medida para o comprimento da sua perna, para a largura de quadril e para o tamanho do tórax. Como o esquiador fica encaixado no assento, essas medidas são o equivalente às fôrmas de um sapato. Quem tem pé tamanho 37 não consegue usar um sapato 35 e muito menos um 40. Ou ele fica muito apertado ou largo demais.

Quanto mais folgado, mais fácil de entrar, mas também mais fácil de sair. Não dá para pegar velocidade se o corpo não tiver estabilidade no assento. A sensação é de estar solto, de ter calçado um tênis muito largo. Você até consegue passear com um tênis largo, mas correr é impossível. No assento do esqui ocorre a mesma coisa. Dependendo do seu objetivo — se é apenas uma diversão ou se é competir —, você toma a decisão a respeito do formato e do material. Se quiser ter um assento para lazer, pode ser um que seja fácil de entrar. Porém, se a intenção é competir, o assento tem que ser feito sob medida para não sair do corpo com facilidade.

O problema é que os assentos são fabricados em série. Um dos maiores fabricantes de esqui para deficientes físicos é um australiano que produz também assentos de alumínio, cuja grande vantagem é não quebrar. Há, no entanto, uma grande desvantagem nesse tipo de assento: quando você capota, ele entorta e nunca mais volta a ser o mesmo.

Hoje em dia eu já consigo perceber que vou capotar e, na maioria das vezes, consigo largar o manete antes. Procuro sempre evitar a capotagem porque, quando ela acontece, ou você se machuca ou estraga algo do equipamento. Na velocidade de treino, que é de cerca de 60km/h, uma capotagem pode ser perigosa porque o esquiador está na mesma altura da água. A desaceleração provoca um tranco pesado.

Os riscos da capotagem

Já quebrei algumas costelas, o pé direito, lesionei músculos e tinha muito problema no pescoço por causa das capotagens. No início, fazia fisioterapia no pescoço todo dia por causa disso. Como atualmente já tenho mais controle, consegui diminuir muito o número de ocorrências. Mesmo assim, quando percebo que não vou conseguir evitar a capotagem, seguro a cabeça para que ela não bata na água. O tranco é muito forte por causa da paraplegia, que faz a cabeça ir para um lado e o corpo para outro.

Quando a capotagem não machuca o atleta, arrebenta o equipamento. Eu era mestre em capotar e empenar o assento. Como não dá para desempenar, tinha que fazer outro. Cada assento tem uma barra em um determinado grau e com um determinado comprimento, então comecei a encomendar de acordo com as minhas medidas. O problema é que um nunca sai igual ao outro e, quando algo muda no assento, é preciso passar por uma fase de adaptação até descobrir novamente o ponto de equilíbrio. Às vezes eu perdia até um mês para chegar ao ponto ideal.

O que dava certo ou errado entrava na minha planilha. Anoto tudo o que acontece durante o treino para não esquecer e começo imediatamente a procurar uma solução quando percebo que aquela configuração não melhorou o tempo ou machucou o meu pé. Quando quebrei as costelas depois de uma capotagem, por exemplo, peguei a planilha de treinos para ver a configuração daquele dia e tentar identificar o que poderia ter causado aquilo. Analisei tudo o que havia feito de diferente em relação aos outros treinos para evitar que acontecesse novamente.

Cheguei a fazer seis assentos a partir de diferentes ideias. Quando alcancei a forma que achava ideal para mim, decidi experimentar a fibra de carbono no lugar do alumínio. Quem veleja costuma usar tudo de carbono; a sua fibra não empena, o que é uma vantagem. Em compensação, se a capotagem for muito forte, o assento vai quebrar. Se isso acontecer, é preciso torcer muito para que ele não te fure. A estrutura da fibra de carbono torna o assento mais leve e mantém a resistência mínima suficiente em termos de segurança. Se o objetivo for ter uma estrutura resistente, o assento acaba ficando mais pesado. A equação ideal é que o assento seja o mais leve possível, mas com a resistência na medida certa para que não quebre e machuque o atleta.

Passei uns dois anos desenvolvendo o assento de fibra de carbono que uso atualmente e cheguei à conclusão de que nesse assunto atingi o ápice. Agora estou estudando a quilha para deixá-la mais rápida e estável na hora da aceleração, da freada e da curva. A única parte em que ainda não mexi é o esqui, a prancha propriamente dita. Todo o restante — assento, sapata, quilha, caixa de quilha, lona e forração — é feito pelos profissionais que trabalham comigo. Em conjunto, desenvolvemos peças de altíssima qualidade e desempenho.

Planilha de acompanhamento de treinos

Como não tenho a técnica ou a força dos melhores atletas, preciso que a quilha e o assento compensem isso por mim. Para acompanhar a evolução do meu desempenho e também para comparar e avaliá-lo em relação às mudanças de configuração, criei uma planilha superdetalhada que me dá um panorama completo de cada mudança que faço no equipamento, na alimentação ou no treinamento físico. Para isso, anoto tudo o que aconteceu em cada treino: meu peso, condições do tempo, temperatura local e da água, a configuração do esqui, a localização das boias na pista, a posição do assento, a faixa do assento, o desenho da quilha e até a minha disposição física e emocional. Isso mesmo. Incluo informações sobre como estava me sentindo, se estava cansado ou mesmo se tinha tido insônia na noite anterior, porque tudo isso afeta o desempenho.

Cada faixa da planilha traz todo tipo de informação relativa a um dia de treino (data, local e hora) e indica a qualidade e o desempenho daquele treino específico. Para destacar as coisas que deram certo e assim facilitar o trabalho de identificar a razão de algum fiasco, criei ainda um ranking que classifica o nível de acerto de alguma mudança feita na configuração do esqui (assento, quilha).

Costumo atualizar a planilha diariamente, sempre que chego do treino. É um trabalho que exige paciência e grande capacidade de análise, mas que permite o controle total do processo. Nas páginas 212 a 214, incluí uma amostra da planilha, para dar uma ideia geral do processo. A boa notícia é que você pode adaptar essa planilha a qualquer projeto pessoal ou profissional.

Talento da maturidade

Ao descobrir o grande prazer de competir depois dos 50 anos, estou desfrutando de um hobby que me completa e fazendo um esporte competitivo, como gostaria de ter feito desde que era jovem. O que me conforta é lembrar que o dr. Roberto Marinho criou a TV Globo quando tinha 60 anos.

Adoro a história que meu pai contava sobre a resposta que dr. Roberto deu a um convidado que teria comentado sobre ele estar se arriscando num mercado já saturado. É bom lembrar que, naquela época, a Globo não era a gigante que é hoje e enfrentava a dura concorrência das TVs Tupi, Record e Excelsior, entre outras. Com aquela voz suave que o caracterizava, ele disse que concordava com a afirmação: o mercado estava de fato saturando.

— Não sei realmente se vai ter lugar para todos os outros canais — ele acrescentou.

Isso é que é ter autoconfiança.

Esse é o exemplo que procuro seguir. Por mais insignificante que seja o esqui aquático para deficientes físicos, tenho o orgulho e a honra de dizer que "sou um esquiador". E percebo que as pessoas me olham com respeito, até por ser uma coisa totalmente inédita no Brasil.

Depois de conquistar o primeiro bronze, cheguei a me preocupar com o deslumbre. Afinal a TV Globo fez matéria comigo, e outros jornais também. Não dá para negar que era uma sensação prazerosa, mas o meu objetivo nunca foi pendurar as medalhas na parede. Eu sei que esse tipo de vaidade não leva a lugar nenhum.

Tenho trauma do meu passado materialista e não quero de jeito nenhum que os bons resultados subam à minha cabeça. O fato de as pessoas irem à Lagoa me ver treinar sem dúvida me deixa orgulhoso, mas estou sempre alerta para que esse sentimento sirva apenas de estímulo para evoluir ainda mais no esporte.

Quero que as minhas conquistas sejam um incentivo para as pessoas, especialmente as que estão vivendo situações difíceis. Por isso, sempre que posso conto a minha história e digo palavras de apoio:

— Se você acha que é isso mesmo que você quer, meta a cara e vá em frente. Se bater com a cabeça na parede, tudo bem. Tenta outra vez.

Só me interessa ser herói se as pessoas virem em mim um estímulo para irem adiante. Minha meta é fazer com que elas entendam que não importa se as coisas derem errado — o que importa realmente é a maneira como elas vão se levantar e o que farão depois.

Às vezes escuto Clara falar "Quando meu marido era paralítico..." Ao ouvir isso, todo mundo se entreolha confuso. "Pois é", e ela continua:

— É que, para mim, ele era paralítico quando tinha depressão, era triste e não tinha esperança. Hoje, aos meus olhos, ele está andando.

Por mais estranho que possa parecer, ela tem razão. Eu era mesmo paralítico das ideias na época em que tinha pleno controle das minhas pernas. Hoje eu não tenho mais a capacidade de me movimentar como antes, mas em compensação virei um craque no quesito que mais interessa: felicidade.

QUEBRA DE SCRIPT

- Não desista diante de uma experiência malsucedida.
- Pense como um empresário: crie uma visão, tenha disciplina, dedicação e foco para conquistar o seu objetivo, e não se esqueça de planejar tudo o que precisa fazer para ser bem-sucedido.
- Encare os fiascos positivamente, como exemplos do que deve ser evitado e também como incentivo para solucionar o que deu errado e dar a volta por cima.
- Investir na rede de relacionamentos é essencial para ser bem-sucedido nos negócios.

DIA E HORA DOS TREINOS MEU PESO	LOCAL DO TREINO	CAGE: POSIÇÃO DE FIXAÇÃO NO ESQUI	CARBON FIBER SKI EVOLUTION CAGE CTM-08.1 CF com forração definitiva de 7/11/2000 ALTURA DA LONA DO CAGE EM RELAÇÃO À SUPERFÍCIE DO ESQUI COM BARRA QUADRADA de 404mm x 22mm e 1,7kg LONA LTM-08.1: 92cm x 21,5cm x 20cm x 15cm, (15/11/2008) COM 1 PASSADOR A MAIS NA FRENTE	FOOT PLATE DE CF POSIÇÃO DE FIXAÇÃO NO ESQUI
20/jan 10:30h 73,3kg	Lagoa Rodrigo de Freitas RJ	furo # 1 com os 10 parafusos	MELHOR ZONA DE CONFIGURAÇÃO ATUALMENTE (MZDCA) FAIXA ESQUERDA: fecho na 7ª linha vermelha => altura real da superfície do esqui com lona seca: 139,5mm (atual) FAIXA DIREITA: fecho na 7ª linha vermelha => altura real da superfície do esqui com lona seca: 139,5mm (atual) FORRAÇÃO: largura interior da frente: 210mm largura interior do centro maior: 260mm largura interior traseira: 160mm	MZDCA FIXAÇÃO NO ESQUI: furos # 1 e # 6 POSIÇÃO DA SAPATA: furação única
21/jan 10:45h 73,3kg	Lagoa Rodrigo de Freitas RJ	furo # 1 com os 10 parafusos	FAIXA ESQUERDA: fecho na 7ª linha vermelha => altura real da superfície do esqui com lona seca: 139,5mm (atual) FAIXA DIREITA: fecho na 7ª linha vermelha => altura real da superfície do esqui com lona seca: 139,5mm (atual) FORRAÇÃO: largura interior da frente: 210mm largura interior do centro maior: 260mm largura interior traseira: 160mm	FIXAÇÃO NO ESQUI: furos # 1 e # 6 POSIÇÃO DA SAPATA: furação única
22/jan 10:30h 73,3kg	Lagoa Rodrigo de Freitas RJ	furo # 1 com os 10 parafusos	FAIXA ESQUERDA: fecho na 7ª linha vermelha => altura real da superfície do esqui com lona seca: 139,5mm (atual) FAIXA DIREITA: fecho na 7ª linha vermelha => altura real da superfície do esqui com lona seca: 139,5mm (atual) FORRAÇÃO: largura interior da frente: 210mm largura interior do centro maior: 260mm largura interior traseira: 160mm	FIXAÇÃO NO ESQUI: furos # 1 e # 6 POSIÇÃO DA SAPATA: furação única
23/jan 10:30h 73,3kg	Lagoa Rodrigo de Freitas RJ	furo # 1 com os 10 parafusos	FAIXA ESQUERDA: fecho na 7ª linha vermelha => altura real da superfície do esqui com lona seca: 139,5mm (atual) FAIXA DIREITA: fecho na 7ª linha vermelha => altura real da superfície do esqui com lona seca: 139,5mm (atual) FORRAÇÃO: largura interior da frente: 210mm largura interior do centro maior: 260mm largura interior traseira: 160mm	FIXAÇÃO NO ESQUI: furos # 1 e # 6 POSIÇÃO DA SAPATA: furação única
24/jan 12h 72,4kg	Lagoa Rodrigo de Freitas RJ	furo # 1 com os 10 parafusos	FAIXA ESQUERDA: fecho na 7ª linha vermelha => altura real da superfície do esqui com lona seca: 139,5mm (atual) FAIXA DIREITA: fecho na 7ª linha vermelha => altura real da superfície do esqui com lona seca: 139,5mm (atual) FORRAÇÃO: largura interior da frente: 210mm largura interior do centro maior: 260mm largura interior traseira: 160mm	FIXAÇÃO NO ESQUI: furos # 1 e # 6 POSIÇÃO DA SAPATA: furação única

MODELO E MEDIDAS DA QUILHA (nivelado vert. e hor. conjunto: caixa, quilha e fenda do esqui) COMPRIMENTO, DISTÂNCIA DA TRASEIRA, PROFUNDIDADE DA QUILHA E FIN RATIO TAMANHO DA QUILHA FORA DA CAIXA (mm): FRENTE e TRÁS MODELO E TAMANHO DA ASA e ÂNGULO DE INCLINAÇÃO COM MEDIDOR GOODE	COMPRIMENTO DO CABO EM METROS	VELOCIDADE DA LANCHA (km/h)	CONDIÇÕES DO TEMPO TEMPERATURA DO DIA TEMPERATURA DA ÁGUA	CONDIÇÕES DA ÁGUA	COMPORTAMENTO DO ESQUI PERFORMANCE DO DIA OBSERVAÇÕES
MELHOR ZONA DE CONFIGURAÇÃO ATUALMENTE QUILHA FTM-08.4 ALUMÍNIO 5 FUROS de 10mm TAMANHO: 20cm x 13,3cm x 2mm. PESO: 113g COMPRIMENTO: 190,3mm DISTÂNCIA DA TRASEIRA: 50mm PROFUNDIDADE: 80,6mm FIN RATIO: 2,36 FORA DA CAIXA DE QUILHA (mm): Frente: 8mm (sem caixa 27mm) Trás: 8mm (sem caixa 27mm) ASA GOODE (20mm x 44mm - 12,1g): virada para BAIXO ÂNGULO DE INCLINAÇÃO (medidor GOODE): 8° CAIXA DE QUILHA FBTM-08.2 FORWARD BACK: 257,7mm	14,25m	46 forte	sol local 34° água 30°	perigosa, vento sul junto com norte criando marolas de todos os lados ao mesmo tempo.	A sapata nova de carbon fiber com a espuma dura de 16mm ficou excelente. Meu pé ficou muito melhor encaixado e sem se mexer.
QUILHA FTM-08.4 ALUMÍNIO 5 FUROS de 10mm TAMANHO: 20cm x 13,3cm x 2mm. PESO: 113g COMPRIMENTO: 190,3mm DISTÂNCIA DA TRASEIRA: 50mm PROFUNDIDADE: 80,6mm FIN RATIO: 2,36 FORA DA CAIXA DE QUILHA (mm): Frente: 8mm (sem caixa 27mm) Trás: 8mm (sem caixa 27mm) ASA GOODE (20mm x 44mm - 12,1g): virada para BAIXO ÂNGULO DE INCLINAÇÃO (medidor GOODE): 8° CAIXA DE QUILHA FBTM-08.2 FORWARD BACK: 257,7mm	14,25m	46 forte 49 fraco e 49 justo	nublado local 26° água 30°	ótima e super lisa	Sem dúvida o meu melhor treino até hoje. Nas passadas a 46 forte estava sobrando esqui. Na passada a 49 fraco consegui fechar. A 49 justo, fiquei na boia 3 e acredito que tenha sido cansaço por ser a última passada e também por ter puxado um pouco os braços nas cruzadas.
QUILHA FTM-08.4 ALUMÍNIO 5 FUROS de 10mm TAMANHO: 20cm x 13,3cm x 2mm. PESO: 113g COMPRIMENTO: 190,3mm DISTÂNCIA DA TRASEIRA: 50mm PROFUNDIDADE: 80,6mm FIN RATIO: 2,36 FORA DA CAIXA DE QUILHA (mm): Frente: 8mm (sem caixa 27mm) Trás: 8mm (sem caixa 27mm) ASA GOODE (20mm x 44mm - 12,1g): virada para BAIXO ÂNGULO DE INCLINAÇÃO (medidor GOODE): 8° CAIXA DE QUILHA FBTM-08.2 FORWARD BACK: 257,7mm	14,25m	sem piloto automático	nublado local 26° água 28°	lisa porém muito suja e pesada devido às chuvas	Como muitas boias estavam afundadas devido às chuvas e o piloto automático da lancha não estava funcionando, optamos por fazer um treino técnico.
QUILHA FTM-08.4 ALUMÍNIO 5 FUROS de 10mm TAMANHO: 20cm x 13,3cm x 2mm. PESO: 113g COMPRIMENTO: 190,3mm DISTÂNCIA DA TRASEIRA: 50mm PROFUNDIDADE: 80,6mm IN RATIO: 2,36 FORA DA CAIXA DE QUILHA (mm): Frente: 8mm (sem caixa 27mm) Trás: 8mm (sem caixa 27mm) ASA GOODE (20mm x 44mm - 12,1g): virada para BAIXO ÂNGULO DE INCLINAÇÃO (medidor GOODE): 8° CAIXA DE QUILHA FBTM-08.2 FORWARD BACK: 257,7mm	14,25m	sem piloto automático	nublado local 26° água ?°	lisa porém muito suja e pesada devido às chuvas	Fechei todas com bastante facilidade.
QUILHA FTM-08.4 ALUMÍNIO 5 FUROS de 10mm TAMANHO: 20cm x 13,3cm x 2mm. PESO: 113g COMPRIMENTO: 190,3mm DISTÂNCIA DA TRASEIRA: 50mm PROFUNDIDADE: 80,6mm FIN RATIO: 2,36 FORA DA CAIXA DE QUILHA (mm): Frente: 8mm (sem caixa 27mm) Trás: 8mm (sem caixa 27mm) ASA GOODE (20mm x 44mm - 12,1g): virada para BAIXO ÂNGULO DE INCLINAÇÃO (medidor GOODE): 8° CAIXA DE QUILHA FBTM-08.2 FORWARD BACK: 257,7mm	14,25m	46 forte	nublado local 27° água 28°	muito boa, ainda um pouco suja e pesada, mas bem lisa	Muito bom o treino de hoje, tecnicamente falando.

Legenda da página anterior

■ Mudança no critério de aferição e/ou equipamento

■ Treino bom ou acima da média

□ Treino excelente

■ Treino leve, livre, teste

EPÍLOGO

ENCONTRANDO A VERDADEIRA FELICIDADE

ÀS VEZES PENSO na maneira como as coisas aconteceram na minha vida e em como as circunstâncias me levaram a fazer determinadas escolhas. À medida que o tempo foi passando, comecei a perceber que foram os momentos mais difíceis e de provação que me permitiram tomar as decisões que mudaram meus rumos, e para melhor.

Hoje tenho plena consciência de que os principais fatos que marcaram e transformaram minha vida foram:

- meu casamento com Clara;
- o nascimento dos nossos dois filhos: Thomaz Neto e Chiara;
- a morte da minha irmã, Maria do Carmo (Carminho);
- a morte do meu pai, Thomaz;
- o tombo com meu cavalo Lorenzo em 25 de agosto de 1991;

- nosso testemunho ao papa João Paulo II no Maracanã em outubro de 1997; e
- a prática do esqui aquático a partir de 2004.

Nenhum desses acontecimentos teve valor material, mas mudaram completamente o sentido da minha vida. Hoje posso dizer, com plena convicção, que não precisamos ter ou usufruir bens materiais para sermos felizes. A verdadeira felicidade não está naquilo que vemos ou tocamos, mas no que sentimos.

De todos os sentimentos, o único que realmente tem a capacidade de nos fazer feliz é o amor. E o amor verdadeiro existe independentemente de qualquer coisa — boa ou ruim, seja na alegria ou na dor. É o amor pelo que se faz, porque sabemos que também faz bem aos outros.

Quando passamos a enxergar além das aparências e vemos o lado positivo das situações, certamente contribuímos para o fortalecimento de nossa felicidade. Todos nós temos força e felicidade suficientes para levarmos uma vida vitoriosa, porém não se adquire força sem luta, e não seremos felizes se não passarmos pelo sofrimento.

O sofrimento faz parte da natureza humana e é inevitável. Ainda que pareça impossível encarar os momentos de dor, eles muitas vezes são oportunidades de nos tornarmos mais fortes. Com o passar do tempo, descobrimos a incrível capacidade de superação do ser humano, pois as derrotas também constituem uma fonte imensa de conhecimento e aprendizado.

Por fim, vale lembrar que a felicidade não está naquilo que nos rodeia, mas em como o sentimos. Podemos passar por momentos de tristeza ou de dor, mas sem deixar que eles abalem o nosso estado de espírito. Tomemos como exemplo o caso de Madre Teresa de Calcutá, que vivia cercada de pessoas muito sofridas, das quais cuidava com enorme dedicação. O amor que sentia por elas lhe trazia um sentimento de profunda paz, mesmo em meio a todo aquele sofrimento.

A verdadeira felicidade está na plenitude da paz de espírito. E, para atingi-la, é necessário que cada um de nós faça muito bem o que gosta, desde que faça bem para os outros também.

AGRADECIMENTOS

SÃO MUITAS as pessoas a quem eu gostaria de agradecer — pela força que me deram nos momentos difíceis e também pelas alegrias compartilhadas ao longo da vida.

Primeiramente, à minha mãe, Regina Magalhães, aquela que gerou a minha vida.

Aos meus queridos sogros, Romeu e Maricy Trussardi, exemplos de amor, família e fé. Desde o início, eles acreditaram no meu desafio, contribuindo de forma substancial para o meu crescimento espiritual e para esta minha nova fase da vida de atleta.

Sei que a memória prega peças quando se tenta fazer uma lista justa de pessoas a quem somos gratos. São diversos familiares, amigos, colaboradores, incentivadores, principalmente padres e orientadores espirituais. Por isso, muitos nomes não serão citados, mas tenho certeza de que se reconhecerão no testemunho contido neste livro e no meu "muito obrigado" sincero e afetuoso.

Por outro lado, estaria cometendo um grande equívoco se não mencionasse minhas duas cunhadas e irmãs de coração, Glória Maria Trussardi Severiano Ribeiro e Cristiana Trussardi Vidigal, verdadeiras precursoras da ideia de escrever um livro sobre a minha vida.

Quero ressaltar a importância de Paulo Salles, meu amigo e responsável por minha iniciação no esqui aquático, bem como da equipe de profissionais que vem me acompanhando e propiciando o máximo do meu rendimento: Clínica Médica Abdon Hissa, em especial o dr. Abdon Hissa e a dra. Maria Lúcia Chaves Feldman; Gregoire Stassen, meu treinador; Sérgio Fuccini, meu preparador físico; Bianca Chalom, minha fisioterapeuta; Liza de Albuquerque Teixeira, minha nutricionista; Luciano Ioselli, torneiro mecânico e fabricante de todas as peças metálicas do meu equipamento; Jair Mariani, capoteiro e forrador do meu cockpit e de outras tantas peças.

Quero deixar registrado meu agradecimento à equipe da Ediouro, especialmente a Helena Carone e Maíra Alves, que trabalharam na realização do livro, e também à ajuda preciosa da jornalista Débora Chaves.

Agradeço ainda, de coração, ao Carlos Bühler, ao José Salibi Neto e à Luciana Pimenta, que viram na minha trajetória de superação possibilidades que eu não imaginava. Sua visão e seu apoio são uma grande motivação para que eu continue compartilhando experiências tão profundas e transformadoras.

Deixo por último propositadamente mencionar meus dois grandes amigos, Jorge Carneiro e Rodrigo Etchenique, que sempre foram fundamentais na minha vida, nas fases boas e nas difíceis.

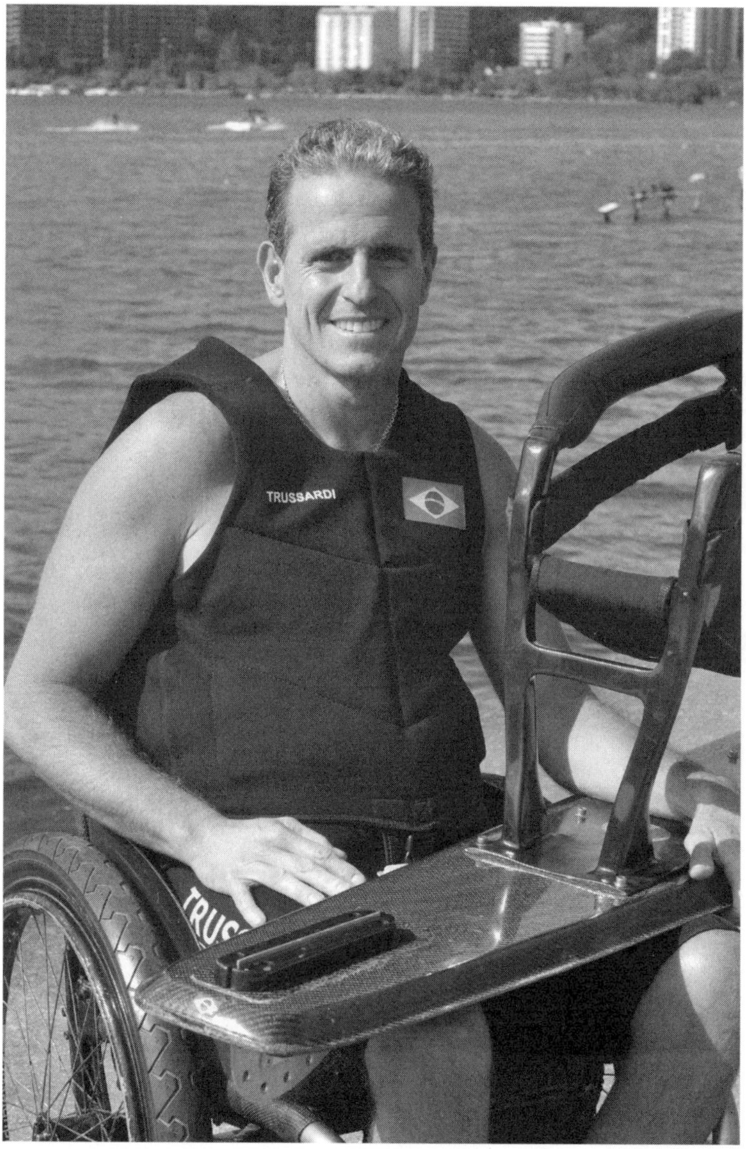
TRUSSARDI

Esse livro foi composto em Minion 12/19
e impresso pela Ediouro Gráfica
sobre papel pólen bold 90g
para a Agir em fevereiro de 2010.